「忖度」なきジャーナリズムを考える

「石橋湛山記念 早稲田ジャーナリズム大賞」記念講座2024

瀬川至朗＝編著

早稲田大学出版部

はじめに

早稲田大学 政治経済学術院教授
（本賞選考委員）
瀬川至朗

早稲田大学が主催する「石橋湛山記念 早稲田ジャーナリズム大賞」は、創設以来、広く社会文化と公共の利益に貢献したジャーナリスト個人の活動を発掘し、顕彰してきた。賞の名称には、優れたジャーナリストであり、総理大臣をも務めた石橋湛山（以下、「湛山」と略す）の名が冠せられている。

昨年（二〇二三年度・第二三回）も大賞と奨励賞それぞれ三作品計六作品が選ばれたが、例年、受賞した方々には「ジャーナリズムの現在」という記念講座への出講をお願いしている。本書は、その講座の一部として開催した自衛隊の性加害事件をテーマとするシンポジウムのほか、今回の受賞作品であるドキュメンタリー番組『命《ぬち》ぬ水《みじ》〜映し出された沖縄の五〇年〜』上映イベント（早稲田大学文化企画課主催）での学生座談会も収録した。

さて、二〇二三年は石橋湛山没後五〇年にあたる年であり、私は石橋湛山の言論活動と早稲田ジャーナリズム大賞をテーマに論考を執筆する機会を得た（「湛山の「自由な言論」と早稲田ジャーナリズム大賞」、石橋省三・星浩編著『石橋湛山　没後五〇年に考える』所収）。執筆の過程で、湛山の思想の根底には自由主義と個人主義があり、強い信念をもって世界の国々の「平和共存」をめざしていたことをあらためて確認できた。そして何よりも強く感じたのは、さまざまな論説・エッセイの背後に伏流となって流れている言論で闘う気概である。湛山が「忖度」などとは無縁の言論人だったことは断るまでもないだろう。

早稲田大学の文学科で哲学を学んだ湛山は、一九一一（明治四四）年に入社した東洋経済新報社で論陣をはり、政府・軍部の大陸進出路線を「大日本主義の幻想」だと真っ向から批判した。一切の領土を放棄し、代わりに国際貿易を盛んにすれば経済的に富める国になることを、データを示して主張した（「小日本主義」と呼ばれる）。それだけではない。母校早稲田大学の創設者である大隈重信の外交政策（対華二一条の要求）を「露骨なる領土侵略政策」であり、「大隈内閣第一着の失策」と断じたのである。

これに見られるように、湛山はいかなる権力や権威にも迎合せず、根拠をもって正しいと考えることを発信する「自由な言論」を何よりも重要なことと考えていた。一九四五（昭和二〇）年の日本の敗戦後は「評論を生かして現実化する」ため政治家に転身したが、占領下の蔵相時にGHQ（連合国軍総司令部）と経済政策で対立し、公職追放となったこともあった。時代に流されず、一切を「忖度」することがなかった湛山の姿勢は、どのような場合であっても一貫していたと評することができる。

なお、収録された各講義・シンポジウムが、すべて、「「忖度」なきジャーナリズム」に言及しているわけではないことはお断りしておきたい。実際のところ、本文中で「忖度」という表現が使われるのは一カ所だけである。しかしながら、講師の方々がジャーナリズムのあり方を語る中で、メディアにおける「忖度」について触れた個所は少なからずある。講義録などを踏まえ、紹介しておきたい。

▽ジャーナリスト・作家の**鈴木エイトさん**は、統一教会と政界の癒着を一貫して追及し続けてきた。メディアが統一教会の問題を報じなかった「空白の三〇年」の間に政界浸食が進んだという。なぜメディアは報道をしなかったのか。理由として、統一教会からのクレームを嫌った自主規制も挙げられる。鈴木さんは、おかしいと思ったことや疑念の思いを素通りせずにやってきた。なぜ正体を隠すのか、なぜ関係を隠すのか、なぜフェアに情報を公開しないのかを一貫して問い続けるスタイルである。

▽神戸新聞の**霍見真一郎さん**は、神戸連続児童殺傷事件の全記録が廃棄されていたことを特報した。取材当初、神戸家庭裁判所から「保存期間が終了したので廃棄した」と説明された。「そうか、仕方がないな」と諦める記者が案外多いのではないか。思考停止を止め、既存概念や権力に屈することなく本質を追求することが報道の役割だ、と霍見さんは指摘する。「保身の安全装置を切れ」がメッセージである。

▽琉球朝日放送の**島袋夏子さん**は、ジャーナリストのジョン・ミッチェルさんと共同で、沖縄の米軍基地が汚染源とみられる水道水のPFAS汚染問題を取材・放送した。沖縄県の現地調査は日米地位協定の高い壁に阻まれている。問題解決には日米地位協定の改定が不可欠だが、それによる日米関係悪化を懸念する声もある。島袋さんは、人間が生きていく上で欠かせない水の問題を安全保障問題と天秤にかけるべきではないと考える。

▽NHKの**青山浩平さん**と**持丸彰子さん**は、内部告発をきっかけに、八割近くが死亡退院という精神科病院の内実を取材・放送した。見えてきたのは、その悪質な病院を「必要悪」として行政・医療機関・家族が頼っている現実だ。長く固定化したこの日本社会の「排除」の構造を前に諦観しがちになるが、やはり、必要なのは、変えるために誰かが報道し続けることである。

▽TBSテレビの**萩原豊さん**は、中南米で「アマゾンの水俣病」「ハイチ難民」などを取材・放送した。メディアの役割は、権力を監視し、小さな声を拾い上げ、社会の課題に光を当てることだ

という。ジャーナリズムは民主主義に不可欠な存在である。今メディアが問われているのは、「そこに正しい事実がある」というように、市民にとってGPSや北極星の如く信頼される存在になることができるかどうかだと指摘する。

▽CBCテレビの**有本整さん**は、新型コロナワクチン接種後に重篤な健康被害に苦しむ人々や死亡した人の家族を取材・報道した。他のメディアはどうだったかというと、ワクチン接種が国策として進められている中では、ワクチンと健康被害の因果関係が確定していないという理由から、健康被害報道は皆無に等しかった。有本さんは、強い立場の側が維持したい体制そのものを問う、そして、弱い立場の人が、そのままにして置かれることがないようにするという考えで日々の報道に取り組んでいる。

▽**岩下明日香さん**は、陸上自衛隊性加害事件を取材し、ネット記事で継続的に報道した。当初、大手メディアの注目度は高くなく、陸幕トップと防衛相が謝罪会見をひらいてから大々的に報じられ始めた。岩下さんも最初にいた編集部では、編集部の意向で続報を配信しにくい状況だったという。ほとんどのメディアが、旧ジャニーズ事務所の性加害事件を長年報道しなかった点は、事務所とメディアは持ちつ持たれつで、メディアが事務所に「忖度」を働いたからだと考えている。

各講師の話をメディアにおける「忖度」という視点に寄せて整理してみると、まず、▽政府などの権力に対する「忖度」、▽メディア内部の上位者に対する「忖度」――が見えてくる。さらには、個々人の記者が持つ無意識の「忖度」も示唆されているように思う。たとえば、家庭裁判所の廃棄理由の説明を「仕方がない」と受け止めて諦めるという霍見さんの話である。また、青山さん・持丸さんが指摘する、日本社会の「排除」の構造を前にした諦めの気持ちである。これとは別に、有本さんも講義で「いろいろあるけれど別に、今のままでいいんじゃないか」と考える人が多いという話をしてくれた。日本社会のさまざまな組織や集団の意向を「忖度」していくと、自由度の極めて低い社会になってしまうように思う。

本書に登場するのは、いずれも、そうした風潮に抗するかのように、「時代におもねらない」明確な問題意識のもと、徹底的かつ継続的に調査報道を進めて真実に迫ろうとする挑戦の数々である。講師の方の熱い思いと力強いジャーナリズム活動の実践報告に触れながら、『「忖度」なきジャーナリズム』について考えていただければ幸いである。

目次

「石橋湛山記念　早稲田ジャーナリズム大賞」受賞者　(3)

執筆者紹介　(1)

講義　ジャーナリズムの現在

1 統一教会と政界の癒着を追及し続けて

ジャーナリスト・作家
鈴木 エイト

一 人生や家族を破壊させるカルト

偽装勧誘する信者も被害者

韓国発祥の宗教団体、旧統一教会（現・世界平和統一家族連合。以下、統一教会）は偽装勧誘、霊感商法、合同結婚式など数多の社会問題を起こしてきました。宗教団体とはいえ、政治組織、ダミー団体、関連企業なども相当数持っている一大コングロマリットのような団体です。

日本への進出は一九五八年、信者数は実質一〇万人程度と言われています。一九六八年に反共組織「国際勝共連合」を創設し反共産主義を掲げて政界とつながりを持ち、一九九〇年代に著名な芸能人やスポーツ選手が合同結婚式に参加して大騒動になりました。創始者で教祖の文鮮明が二〇一二年に亡くなったあと、妻の韓鶴子が後継候補だった息子たちを放擲し総裁として独裁体制を敷いています。

私自身がカルト問題に関わるようになったきっかけは、今から二一年前の二〇〇二年六月、ＪＲ渋谷駅の改札口で統一教会の正体を隠した勧誘現場に遭遇し、あと先考えず勧誘を阻止したのが最初です。偽装勧誘では、「手相の勉強」や「意識調査アンケートの協力」などを口実に声をかけ、若い人には若い信者が、年配の方には年配の信者が対応し、正体を隠して勧誘を行います。勧誘対象者一人に対して、あとから別の勧誘員が合流し二人体制で偽装伝道を進めるのが手口です。

勧誘の休憩時間に教祖に祈りを捧げたり、月末の勧誘ノルマが達成できないときは終電車の間際まで勧誘をする夢遊病者のような信者の姿を目の当たりにしてきました。勧誘員も被害者なのだと言えます。

私は勧誘阻止活動を続けるうち、被害者が次の被害者を生産していく「カルト問題特有の構造」に気づき、勧誘阻止活動の顛末をブログに書いたり、二〇〇九年創刊の『やや日刊カルト新聞』というカルト問題に特化したインターネットメディアの創刊メンバーとして寄稿するようになりました。

善意で悪事を行う

街頭での勧誘に成功すると対象者をビデオセンターと呼ばれるところに連れていきますが、ここが信者の生産拠点です。入りやすいサロン的な雰囲気で、特に学生や若い社会人の勧誘のため、カレーをふるまったり、週四、五回行くとプレゼントを渡したりします。個々に担当者を決めて友だちのような人間関係を作り、やめるきっかけを摑みにくくさせます。

ビデオセンターの名前の通りビデオブースがあり、最初は教養に関係のない社会不安を煽るような映像を見せ、だんだん宗教的な教養の映像に移行し刷り込んでいきます。その後、ツーデイズ・フォーデイズと呼ばれる短期間の合宿セミナーを行い、二か月でその人の思考を変え、従順な信者としての人格に作り替えていきます。

近年では震災地などでの偽装ボランティア活動、地域の清掃活動などを通じて勧誘を行っており、老人ホームの慰問活動ではデイサービスのお年寄りとの交流から被害が拡大していくことを懸念していました。

また、学生による勧誘手法があり、SNSが活用されています。韓国キリスト教系のカルト団体では、大学の新入生が春先に「春から○○大学生」というようなハッシュタグをつけてSNSで発信するケースが多々あるのですが、そのアカウントに連絡を取って交流していきます。SNS伝道と称する偽装勧誘ではこのようなハッシュタグを利用して人間関係を作っていきます。各大学で大学生に向け「怪しい勧誘に注意」などと注意喚起を行いますが、実はカルトの勧誘というのは怪しくないのです。学食などで非常にフレンドリーな感じで近づいてきます。最近は、ＳＤＧｓやボランティアを謳った活動で誘う手口が盛んです。

被害者が信者となって次の被害者をリクルートしていく連鎖や善意で悪事を行うカルトの被害、その連鎖を断ち切るために私は勧誘阻止活動をしてきました。ビデオセンターの建物の前で待ち伏せをして出てくる受講生に声をかけ、施設の正体を知らせて救出してきました。

破壊的カルト

霊感商法は、先祖の因縁などを説いて高額な商品を買わせる悪質商法です。壺、印鑑、弥勒菩薩像、経典集などを数百万から数千万円で購入させていた時期もあります。そのような統一教会の組織的な不法行為が取り締まりを受けてこなかったのは、日本に進出した当初から有力政治家のうしろ盾があったためです。

二〇〇九年二月、渋谷にあった統一教会系の印鑑販売会社「新世」を警視庁公安部が摘発し、教団の渋谷教会や南東京教区事務所などに家宅捜索が入りました。渋谷の統一教会本部にも強制捜査が入る予定でしたが、有力な警察官僚出身の政治家の口利きによって寸前でストップしてしまいました。教団はこの時期から政治家への働きかけを再強化していきます。

同年三月、教団はコンプライアンス（法令遵守）宣言を出しました。内容は、それまで組織ぐるみで行ってきた偽装勧誘を「信者個人の活動」だったとして個々の信者に責任を押し付ける非常に欺瞞的なものでした。

毎年数百億円をノルマとして韓国の教団本部・教祖一族へ送るために、以降は霊感商法の替わりに信者を韓国の教団本部へ行かせて先祖解怨を行わせたり、高額な献金を収奪する手口などに移行しました。

一九八七～二〇二二年に全国霊感商法対策弁護士連絡会や消費者センターに寄せせられた相談の累計被害額は約一三〇〇億円に上り、実際の被害はその数十倍の一兆円以上と言われています。韓国の教団本部には豪華な施設が並んでいますが、これらは日本から収奪した献金によって建てられたのでしょう。このような団体は破壊的カルトと言われています。通常の悪質商法だと金銭的被害だけで済むところが、本人の人生や家庭まで破壊してしまうからです。

二　監視機能がきかないまま進む政界汚染

議員になる信者たち

政界工作のために、文鮮明教祖は「秘書として食い込め。食い込んだら議員の秘密を握れ。次に自らが議員になれ」という指示を出していました。教団には秘書の養成所があると言われています。私は国会議員の秘書に統一教会の信者が就いた事実を掴み、政治家と統一教会の関係を追及する孤独な戦いが始まりました。

最初に私が追及したのは、全く無名の候補者が信者運動員を動員して地方議会議員選挙でトップ当選をしたケースでした。その議員は私が事実関係を明らかにした途端に「全く知らなかった。信者だと知っていたら頼まなかった」などと明らかに虚偽と思われる弁明を行い、自分の選挙運動を献身的に支えてくれた信者運動員たちを保身のためにポイ捨てにしてしまいました。このように協力してきた信者を切り捨てる政治家というのはある意味カルトより酷いのではないか、そんな憤りから政治家の追及を続けてきたのです。

選挙での教団票の獲得

第二次安倍政権発足後最初の国政選挙となった二〇一三年七月の参院選では、安倍晋三首相から統一教会へ肝いりの候補者で安倍氏の祖父・岸信介元首相の恩人の孫である北村経夫・産経新聞元政治部長への組織票を依頼する内部文書を入手しました。これは安倍首相個人の動きではなく、当時の北村氏の選挙対策担当者の証言から、菅義偉官房長官の「仕切り」によって選挙運動期間中に北村候補を教団の地区教会へ派遣し礼拝で講演させていたこともわかりました。政権のツートップが反社会的団体と裏取引をしていたわけです。

北村氏は教団票の上積みによって初当選しました。「この実態を報じなければ」と私は各週刊誌に企画を打診しましたが、なかなか興味を持ってもらえませんでした。そんな中で『週刊朝日』だけが掲載してくれました。

政治家と教団のつながりについての報道はなかったのかというと、二〇〇五年と二〇〇六年に統一教会系のUPF大会（統一教会の関連組織「天宙平和連合（UPF）」の大会のこと）に安倍氏が祝電を贈っており、これは一般のメディアでも報道されています。この時期までは、政治家が統一教会のイベントへ祝電を贈ったり関連団体へ年会費を数万円支払ったことについてメディアが報じており、ある意味でメディアと権力者側との間に正常な緊張関係が維持されていました。しかしこれ以降、政治家と統一教会の関係については、ほぼ私が報じるだけになっていきます。

大学生の信者の街頭演説

二〇一六年一月、国際勝共連合大学生遊説隊UNITE（ユナイト）という団体が全国各地で街頭演説をする姿が見られるようになります。当時は、安全保障関連法案に反対する学生団体SEALDs（シールズ）が注目を浴びており、選挙権年齢が一八歳に引き下げられた最初の選挙を夏に控えていました。加えて、野党統一候補を立てることに共産党が初めて同意し、自民党がそれを脅威と感じ始めていました。

この時期になぜ保守派の大学生たち、ユナイトが街頭演説やデモを始めたのでしょうか。その主張は「安保法案賛成」「憲法改正支持」「共産党反対」「安倍政権支持」の四つでした。ユナイト側は、自然発生的に全国に広がった保守派の大学生の自主的な活動であり、統一教会を母体とする反共組織の国際勝共連合の下部組織ではなく、学生による自主独立組織だと言っていました。

ところが、自民党のネットメディア局長などを歴任した平井卓也氏がFacebookに、ユナイトのデモについて「あまりこういうデモは報道されませんが、『学生はシールズ』というイメージは間違いです」という投稿をしました。これによって、ユナイトの結成や活動には政権の意向が働いているのではとの疑念が浮かびました。調べてみると、統一教会の遊説隊長が演説を仕切っていること、メンバー全員が二世信者であること、全国の教団施設でユナイト研修が行われ、遊説現場には教団幹部の姿があることがわかりました。そこで、保守派の学生が自主的に現政権を支持する活動を行う状況を欲していたのは安倍政権ではないのか、そして、その目的は印象操作による世論誘導ではないかという記事を『週刊朝日』に寄稿しました。

教団の国会議員連合

統一教会は世界規模で国会議員連合を結成し、各国で国会議員の取り込みを図っていきました。

二〇一六年一一月一七日に衆議院議員会館特別会議室で開催した日本における創設大会には、国会議員と秘書を合わせて一〇〇人以上が参加しました。翌二〇一七年二月に韓国で開かれた国会議員連合の総会にはのちの総務大臣・武田良太氏も参加していて、韓鶴子総裁から「国家復帰」指令というものを受けています。これはその国の宗教を統一教会にしてしまおうというものです。その後も教団北米会長一行が日本ツアーを行い、韓国で韓鶴子総裁に「ヨシヒデ・スガが私どもを首相官邸に招待してくださいました」と報告しています。安倍首相も日本の会長と総会長夫人を首相官邸に招待していたことがわかっており、当時の首相官邸ツートップが反社会的教団の幹部を首相官邸に招待していたことになります。

全国霊感商法対策弁護士連絡会が参議院議員議員会館で緊急院内集会を開き、統一教会と関係を持たないよう全国会議員事務所に申し入れをしたことがありましたが、その直後の教団の大型イベントに多くの国会議員が参加をしています。その院内集会を取材したのは私とフリーの記者一人だけでした。これほどの重要な問題に各メディアはなぜ興味を持たないのか、当時から大きな疑問でした。その後も私は教団と政界のつながりや実態を報道し続けました。

ところが、私は書き手としては苦境に立たされます。扶桑社のウェブメディア『HBOL（ハーバー・ビジネス・オンライン）』で「政界宗教汚染〜安倍政権と問題教団の歪な共存関係」という連載をしてきましたが、HBOL自体が二〇二〇年に配信停止になります。連載中には統一教会が記事削除の仮処分申請を裁判所に申し立ててきたこともありました。このケースは記事の削除には至りませんでした。HBOLの配信停止によって記事を寄稿する媒体がなくなりましたが、何とかこの問題を社会に問いたいと思い、出版社に企画を持ち込んだり、ノンフィクションの賞に応募しましたが通りませんでした。まだまだ解くべき疑惑が残っている中で、パズルのピースを埋めていく作業を進めることができず、穢れた関係性を世に問えないまま政界汚染が進んでいきました。

三　安倍晋三元首相銃撃事件

健全なジャーナリズム

二〇二一年九月、統一教会と政治家のつながりで表立ったものが出ました。統一教会と系列の天宙平和連合（UPF）が開いたオンライン集会において、安倍元首相のビデオメッセージが配信されたのです。メッセージの中で安倍元首相は「朝鮮半島の平和的統一に向けて、努力されてきた韓鶴子総裁に敬意を表します」と言っています。私にとって大きな衝撃でした。このように証拠として残る形で映像を送るというのは、安倍元首相にとって映像が拡散されても自分の政治生命には影響がないと判断したということになるからです。

しかし、安倍元首相の政治家としての読みは正しかったのです。これを報じたのは週刊誌など四媒体だけで、主要な新聞とテレビ局は一切無視したからです。

このような状況下で起こったのが、二〇二二年七月八日、参院選終盤の安倍晋三元首相銃撃事件でした。奈良市の大和西大寺駅前で選挙の応援演説をしていた安部元首相が、山上徹也被告に銃撃されました。山上被告の母親は統一教会への高額献金により破産していました。その第一報に接して、もしこのまま安倍元首相が亡くなってしまったら、自分が追及してきた安倍氏をはじめとする政治家と統一教会との関係はうやむやになり、一切が無に帰してしまうのではないかとかなり落ち込みました。その後、犯人がある団体への恨みを犯行理由として供述しているという報道を聞き、これは統一教会に違いない、自分を巻き込んだ大騒動になると覚悟しました。

それまで一般メディアが報じない中で、教団と政権との関係が続いてきました。つまり、メディアの監視機能が働いていなかったことになります。二〇〇六年以前は報道されてきたものが、それ以降はほぼ報じられなくなりました。その理由としては、教団からクレームが入ると面倒なことになるからとメディア側が自主規制をしていたことも挙げられます。その結果、報道の空白期間が生まれ、権力の監視機能が働かなかったことになります。銃撃事件直後からの報道を見ると、この事件を機に健全なジャーナリズムがある程度復活したように思えます。

安倍元首相を撃った山上被告の弁解録取のあとに警察が発表した犯行理由は、「特定の団体に恨みがあり、安倍首相がこれと繋がりがあると思い込んで犯行に及んだ」というものです。選挙の期間中ということが考慮されたのか、統一教会という名前もネットメディア二つを除いて報じられませんでした。各メディアが教団名を報道したのは、参院選翌日、七月一一日に統一教会が会見を開いてからのことです。その会見も非常に欺瞞的なものでした。一部のメディアしか会場に入れず、フリー記者などは一切排除されました。そこで、除外された私たちは会場になったホテルと交渉して、統一教会の会見が行われた同じ場所で緊急会見を開き、教団側が言ったことが嘘だということを話しました。

報道の空白期間を埋める

報道は過熱し、私は各メディアへのデータ提供を積極的に行いました。長年集めた取材データを、惜しみなく無償で提供しました。その結果、提供者として私の名前が露出し、興味を持ってもらえました。私には自分一人で抱え込むのではなく各メディアにこの問題を追及してもらい、一人では埋め切れないピースを、全メディアがチームジャパンとして一丸となって追及してもらいたいとの思いがあったのです。メディア関係者の中にも、これほどの重大事件につながった大問題をなぜ見過ごしてきたのかという後悔の気持ちがあったのではないでしょうか。

また、事件直後のテレビ番組などを見ていて、一部のコメンテーターの発言にかなり違和感や危機感を覚えました。空白期間における政界と教団の関係を的確に解説できる人がおらず、誤った情報が流されていたのです。そこで、「#鈴木エイトを出せ！」というハッシュタグをＳＮＳで発信しました。この問題をしっかりと伝えられるのは自分しかいないのだと、売り込みをかけたわけです。当初一般のメディアはなかなか私を呼んでくれなかったのですが、郷原信郎弁護士のYouTubeチャンネルでじっくり話をしたところ、しっかりした話ができる人物だという認識を持ってもらえたようで、報道番組などに出演するようになりました。この頃は大変忙しくて、一日おきに徹夜するような日々でした。

事件から二か月半後には自著が発売されました。『自民党の統一教会汚染 追跡３０００日』（小学館）です。第二次安倍政権発足後の九年間におよぶ統一教会と安倍政権の関係を追及した内容です。原稿は以前、小学館ノンフィクション賞に応募したときのものがベースになっています。小学館の編集者の方が応募原稿を読み直してくれ、今話題になっていることが全部書いてある、ということで出版が決まりました。出版に際しては、事実と憶測をきっちり分けて記すことを心掛けて加筆を行いました。

二〇二三年一〇月にようやく統一教会への解散命令が請求されました。そして、私たちカルト問題に関わった人間が長年訴えてきたことを、盛山正仁文部科学大臣が「自由な意思決定を制限」「親族を含む多数の者の生活の平穏を害する行為とした」と言及してくれました。また、司法での解散請求確定までに一年以上はかかるという中、教団が財産を隠匿したり散逸させてしまうという危惧があるため、財産保全や清算人の権限強化のための法整備の必要性も出てきています。

二世の問題が複雑化した背景

問題の全体を見渡すと、教団が政治家を利用するだけではなく、相互に利用し合ってきたことがわかります。その関係性が山上徹也被告の銃弾によって可視化されたわけですが、本来はその前に問題視されなければならなかったはずです。

これは「宗教と政治」の問題ではなく、「反社会的な宗教カルト団体と政治」の問題なのです。そのような団体を規制し、被害を防ぎ、被害者を救済するのが本来の政治家の役割であるにもかかわらず、有力な政治家たちはカルト教団と取り引きを行いその体制保護に協力してきました。さらに、メディアの監視機能が働かなかったことで問題が放置されたまま深化し、二世・三世問題としても複雑化してしまったのです。

山上被告との接点

実は事件の九日前、私は山上被告からSNSでメッセージを受け取っていました。事件の半年後、そのことを山上被告の弁護人から知らされました。当初、「返信が来なかった」と聞かされた私は、自分には事件をとめることができたのではないかと深い後悔に苛まれました。しかし、実際には返信していたことを知らされました。山上のアカウントは凍結されていたため、どのようなメッセージのやり取りをしていたかは、弁護人を通じて山上本人から聞かされました。山上被告からのメッセージは、参院選の当日に開催されることになっていた教団イベントのゲストが誰なのか知りたいという内容だったのですが、私が衝撃を受けたのは、山上被告が私の書いた『やや日刊カルト新聞』の記事をずっと読んでいたということでした。すなわち、彼が安倍元首相と教団との関係を知り、安倍元首相をターゲットにした根拠は私の記事にあったということになるからです。取材者として関わってきた自分が、実は犯人の動機面に直接的に関わるような存在になっていた、つまり、自分自身が事件の当事者としての側面を持ち始め、書いてきた記事の確度が問われる事態になったということです。

私はこのことについてしっかり責任を取ろうと思っています。それは単に彼の減刑のためではなく、安倍元首相と統一教会の実際の関係がどうだったのか、山上被告がその関係性をどう捉え、犯行の動機面を含めて的確に裁判員に示した上で審議して量刑の判断をしてもらう。そのために真摯に裁判に向き合っていくこと、それが自分の責任の取り方だと思っています。

事件以後、私は銃撃現場の定点観測をしてきました。事件現場で実際に山上被告や安倍元首相が立っていた場所に身を置き、その視点を体感しました。また、山上被告の生家があったところ、移り住んだ奈良市内の家の跡地、母親が破産後に移り住んだアパート、一時期暮らしていた伯父の家のそばに建つ集合住宅などを見てまわりました。

山上被告が事件当時住んでいたマンション、火薬の乾燥用のために借りていたガレージ、事件前日に銃の試し撃ちをした奈良市内の統一教会の施設に足を運び追体験をしました。

事件の前日、彼は銃撃を決行しようとして、安倍元首相の遊説先だった岡山からその旨を書いた手紙を島根のルポライターに出しています。しかし当日の警備体制が厳重だったため、この日の銃撃を諦め投函した手紙の回収を図ります。手紙が届いてしまうと、決行前に自分の犯行計画が当局に把握されてしまう惧れがあったからです。結局回収はうまくいかず、タイムリミットが迫る中、翌日の安倍元首相の応援演説が長野県から自分が育った奈良市内の大和西大寺駅前に変更されたことを知ります。それは彼には運命的なものと感じられたでしょう。その偶然は彼にとっては必然であり、その結果が悲劇になったということになります。

四　報道の在り方

教団の抵抗に屈することなく

私がブロガー・ライターからジャーナリストを名乗り始めたのは二〇一一年です。高齢化で寂れていた足立区内のお祭り「灯篭流しと音楽会」を、統一教会足立教会の青年部が乗っ取る形で大勢の市民が参加する大規模なイベントに変貌させました。その実態を、地域社会の衰退とカルトの進出として結び付けた社会派の記事として一般誌で書き、その記事が評価されジャーナリストを名乗るようになりました。記事によって、翌年にはまた寂れたお祭りに戻ってしまいました。

統一教会は教団にとって都合の悪い記事を書く私を言論界から排除するため、私個人に対して長年ネガティブキャンペーンを行ってきました。鈴木エイトはフェイクニュースを書くので使わないようにしてほしいというプレスリリースを各誌の編集部に送ったり、「ハゲタカジャーナリスト鈴木エイト」と書かれた怪文書が出回ったこともあります。

これまで教団にとって都合の悪い人物や団体がその標的となってきました。メディアに対して抗議する、地方自治体や議会を訴える、政治家の情報をリークする、弁護士団体を非難するチラシを作ったり、私個人を攻撃するためのシンポジウムを開催、スラップ訴訟なども濫発しています。これらは、テレビのコメンテーターの言論を封殺したり、地方自治体やメディアを萎縮させ、個人にダメージを与えたりするために行われ、実際に効果を上げてきました。教団にはそういう成功体験の蓄積があったわけです。

疑念を素通りしない

深刻な問題を深刻に伝えるだけだと一般読者は興味を持ちづらいということから、『やや日刊カルト新聞』では少しユーモラスなテイストを加えています。また、私が一貫して心掛けているのは、当初から続けている勧誘阻止活動や政治家の疑惑追及も含め、なぜ正体を隠すのか、なぜ関係を隠すのか、なぜフェアに情報を開示しないのかを問い続けるスタイルです。

私がいかにしてカルト団体や政治家と闘い続けてきたのか。それはストイックになりすぎず、モチベーションを保つことで、問題意識を持ち続けてきたと言えます。おかしいと思ったことや疑念の思いを素通りせずやってきました。フリーランスだから自分の興味の対象だけを追及できたということもあると思います。そしてやはり、ファクトを積み重ねることの重要性は再認識させられました。

今後の取材テーマは、トランプ陣営の中に統一教会の息のかかったシンパがいるのではないかというものから、マルチ商法、政治セクトなどのカルト的な手法を取る社会問題、陰謀論や反ワクチン・HPVワクチンを巡る訴訟まで、私しか追っていないテーマがほかにもあります。

被害者が誹謗中傷を受けないために

報道する際、被害当事者を前面に立てる・矢面に立たせることによって被害者に誹謗中傷が集中してしまうことがあります。統一教会の問題でもこのために元二世信者とか「宗教二世」と呼ばれる人たちが声を上げにくくなっていました。フランスの報道事情に詳しい識者に聞いたところ、フランスでは被害者を前面に立てる報道姿勢を取ることはまずないということでした。セクト（カルト）問題など被害当事者が攻撃を受ける可能性のある事案の場合、そのようなリスクを生まないよう配慮するコンセンサスがフランスにはあるということだと思います。誹謗中傷は旧ジャニーズ事務所における性加害問題にも見られます。被害者を矢面に立たせない報道、これが被害者を誹謗中傷から護ることにつながります。これは勇気ある告発者を護る取り組み、そして第三者による虐待をカバーする法整備の必要性の議論などにも共通することです。

メディアの役割は権力の監視や声を上げられない被害者の可視化です。事件の再発防止のための徹底検証についてはメディアと政治家の役割だと思っています。岸田首相は統一教会について「大事なことは未来に向かって関係を絶つこと」とさかんに言っていますが、それは過去の検証をしないということと同義です。実際、自民党が事件後に行った「点検」も非常に緩いものでした。合同結婚式が社会問題となった一九九〇年代から大手メディアが報道せずに三〇年が過ぎ、監視機能がきかなくなっていました。再び空白の三〇年を繰り返さないためには、この問題に幕引きを図ろうとする側を追及すべきです。

事件を正しく報道すること

犯人の思う壺にならないようにという論説にも注意が必要です。二〇二三年四月に和歌山で起きた岸田首相の演説会場への爆発物投げ込み事件の際、テロの肯定につながったり模倣犯を生む可能性があるため、犯人の動機を報じるべきではないという意見が政治家から出ました。刑事事件報道で何を報じるかはリテラシーの問題です。都合の悪い報道を牽制するようなこと、つまり権力側が情報統制することの危険性も顕在化しました。

この問題をもっと早く社会に問うことができていたら、銃撃事件は起こらず安倍晋三という政治家を存命のまま追及できたのではないか、そして、統一教会の二次被害者である山上徹也被告を犯罪者にせずに済んだのではないかというのが今の私の思いです。その反省を生かすべく、今後自分の発言力やプレゼンスをいかに上げていくかというのが今の私の課題だと思っています。

❖講義を終えて　草の根ジャーナリズムの継承

「ただ一人、統一教会と政界の癒着を追及し続けたジャーナリストが解説する調査報道とメディアの可能性」

これが講義のタイトルだった。

メディアが統一教会の問題を報じてこなかった「空白の三〇年」の間にカルトの政界浸食が進み、政治家やメディアはカルト被害を放置し続けた。メディアが軽視してきた「被害」が元首相銃撃という国を揺るがす大事件へと発展した。各メディアは失われた時間と信頼を取り戻すべく調査報道を行ったが、その報道は適切だったのか。報道によって矢面に立った告発者／被害者はカルトからの誹謗中傷に晒された。メディアが勇気ある告発者を護ってきたとは言えない。

講義では、データの蓄積とファクトをもとに私が調査報道を継続してきた手法を時系列に沿って解説した。講義レビューからは、言外に感じ取ってほしかったことまで考えを深めてくれていたことがわかる。

講義終盤に提示したディスカッションテーマは二つ。

「被害者（当事者）を前面に立てる報道によるプラス面とマイナス面。旧態依然とした報道スタイルで良いのか」

「一見、支持を集めやすい〝犯人の思う壺論〟をどう論破すべきか」

どちらにも活発な意見交換がなされ、報告から新たな気づきもあった。被害当事者を前面に立てる報道スタイルに疑問を持ってほしいという目的は達成できたと思う。当たり前とされていることに疑問を持つことが思考を深める第一歩であるからだ。そして、メディアの調査報道を否定し個別に議論すべき事案を混同させる「犯人の思う壺」論の論理破綻についても理解が進んだと思う。

講義で使用したパワーポイントには、「覚悟」「絶望」「責任」といった言葉を入れた。講師自身が取材者・報道人として葛藤の中にあることを知ってほしかったからだ。また、講義では、「事実と推測を分けて示し、過度にストーリー化せず摑んだ事実をどう社会へ伝えていくのか」ということを話した。

私が元首相銃撃事件後に情報を独占せず多くのメディアへ提供した経緯やその意図、そして図らずも自分が書いた記事によって重大事件の犯人の動機面に関わる存在となったことによって、第三者性が求められる取材者が否応なく当事者性を帯びてしまった経緯も学生の興味を惹いたようだ。

顕在化した数多の社会問題は、元首相銃撃事件といった重大な事件が起こる前に可視化されるべき事案であり、無関心が事態を深刻化させ問題を放置することがより大きな社会問題を生むことも話した。ほかにも、報道されていない社会問題があるのではないかといった気づきも与えることができたと思う。レビューにはメディアの役割の重要性と報じる側の責任についての記述が複数あり、メディアが抱える問題と可能性の両方を感じ取ってもらえたようだ。

私の思う優れたノンフィクションやジャーナリズムの〝効能〟は、「事実を伝え読者に思考や行動を促すこと」なのだが、レビューには情報を受けた側の行動が政治や社会に影響を与える可能性についての指摘もあった。

報道の現場を志す学生のレビューも複数あり、講義後の質疑では、報道の世界を目指す学生から追いたいテーマがありフリーでやるべきかとの質問を受けた。メディアに就職して研鑽を積むのも最初からフリーランスで行くのも選択は自由だとの旨を答えた。近道はないが日本の報道を変え得る人になってほしいと思う。

受賞した賞の名にちなみ、〝草の根〟的なジャーナリズムが受け継がれていくことに期待したい。

2　保身の安全装置を切れ
――司法の頂点と地方紙記者

神戸新聞「失われた事件記録」取材班代表　報道部デスク兼論説委員兼編集委員
霍見　真一郎

一　少年法改正の源流となった事件

保身的な見方とは

私は神戸新聞に二〇〇一年に入社し、記者として人権、教育、司法、市政、医療・科学などを担当してきました。行政書士の戸籍謄本不正取得、低年齢児の性同一性障害の受け入れ、尼崎公害訴訟の協議終結など、調査報道に力を入れ、中には法律改正や制度の構築につながったものもあります。

神戸新聞に詳しい方はあまり多くないのではないかと思いますが、弊紙は兵庫県全域で配られており、兵庫県内で一番読まれている新聞です。では、全国紙の朝日新聞、読売新聞、毎日新聞などがシェア一位の都道府県は、はたしていくつあるでしょうか。ある調査によると、一〇都府県だけです。つまり日本の多くの場所は地方紙がトップです。

東京で生まれ育って、地方と聞くと「田舎」を連想する方が多いのではないでしょうか。しかし、地方紙が強い場所には政令指定都市も多くあります。全国紙がトップを占めているのは関東が多く、その意味で全国紙は「関東の地方紙」と見ることさえできます。「全国紙より地方紙のほうが格下なのでは？」という感覚は、視点を変えれば少し違ってきます。

それでも首都である東京の方が情報を取りやすいのは当然ではないかと考える方がいるのではないでしょうか。さて、どうでしょう。各界を代表するような方には、兵庫県ゆかりの方も多くいます。たとえば楽天グループ会長兼社長の三木谷浩史さんは兵庫県神戸市の出身で、神戸大学の故・三木谷良一名誉教授の息子さんです。あるいは日本経済団体連合会の会長、十倉雅和さんは神戸新聞の記者だった方の息子さんです。ノーベル賞を受賞された山中伸弥先生も神戸大学のご出身です。東京で「ビルにアクセスする」以上に、地方には地縁を通じて「人間にアクセスする」道筋もあるように思います。

情報過多な現代社会では、自分の考えを危ういところに持っていかないように、手近な「正解」

を探し出そうとする傾向が強いように感じます。一種の保身ですね。しかしそれは、一つの側面に偏った見方になるリスクがあるとも言えます。

少年法は甘いのか

さて、今日は「石橋湛山記念早稲田ジャーナリズム大賞 公共奉仕部門 奨励賞」をいただいた少年事件記録の廃棄問題の報道について話します。それには、まず少年法について説明しなければなりません。

二〇二四年一月一八日、特定少年に初の死刑判決が出たことをご存じでしょうか。特定少年とは一八歳、一九歳の少年で、成人年齢の引き下げに伴い、二二年に施行された改正少年法で位置づけられました。この事件は、二一年一〇月一二日未明、甲府市で当時一九歳の被告がおかした犯罪です。同じ高校の女性に思いを寄せ、交際を断られたことから女性の両親を刃物などで殺し、女性の妹に怪我を負わせ、家に火を放って全焼させました。

この判決についてSNSを一〇〇〇件以上見たところ、「裁判官さん、グッジョブ」「国民の九九%が納得」「刑の執行を速やかに」などと肯定的な意見が多くありました。

このような「未成年であっても保護処分ではなく刑罰で」という流れは、成育環境など犯罪に至る経緯がどうであれ、「結果にペナルティが科されるのは少年の自己責任」という考え方や、「非行少年を少年院などに隔離することで皆が安心して暮らせるようにする」といったイメージに基づくものなのかもしれません。しかし、実際はそう単純ではありません。死刑を選択しないかぎり、非行少年はいずれ同じ社会に戻りますし、排除された経験は社会に対する敵視を強め、再犯を助長する可能性もあります。

そのため少年法の第一条には「少年の健全な育成を期し、非行のある少年に対して性格の矯正及び環境の調整に関する保護処分を行う」とあります。つまり育て直し、保護処分を主眼とした立て付けになっています。全ての少年事件は、法改正がなされた今も、捜査機関の調べが終わると全件、家庭裁判所に送致されます。

しかし今回の改正法では、特定少年において、家庭裁判所から検察に送り返す「原則逆送」の範囲が広げられました。殺人や傷害致死に、強盗や不同意性交などが追加されました。「少年法より刑法で」という流れが顕著になっています。

皆さんの中には「少年事件って増えているし、凶悪化しているのでは」と考える方もいらっしゃるかもしれませんね。しかし少年事件は減少傾向を続けており、子どもの数の減少より早いペースで減っています。そのため少年法が一定機能しているという声もあります。家裁決定のうち、いわゆる重大事件で検察官送致されたのは四%、一方、軽微な事案にあたる不処分と審判不開始を合わせると、全体の半数超を占めます（図表1）。

ここで私は、少年法支持を訴えたいわけではありません。

知ってほしいのは、「刑法は事件の結果の重大性に軸足を置き、少年法は事件の原因に目を向ける」という、ダブルスタンダードを認識する必要があるということです。

「少年法は甘い」という意見がありますが、そもそも法律が立脚する考え方が違うのであり、見当違いとも言えます。このように、「既存概念から距離をとって本質を探っていく」ということを心に置きながら、事件記録廃棄の本題に入っていきましょう。

図表1　減少傾向の少年事件

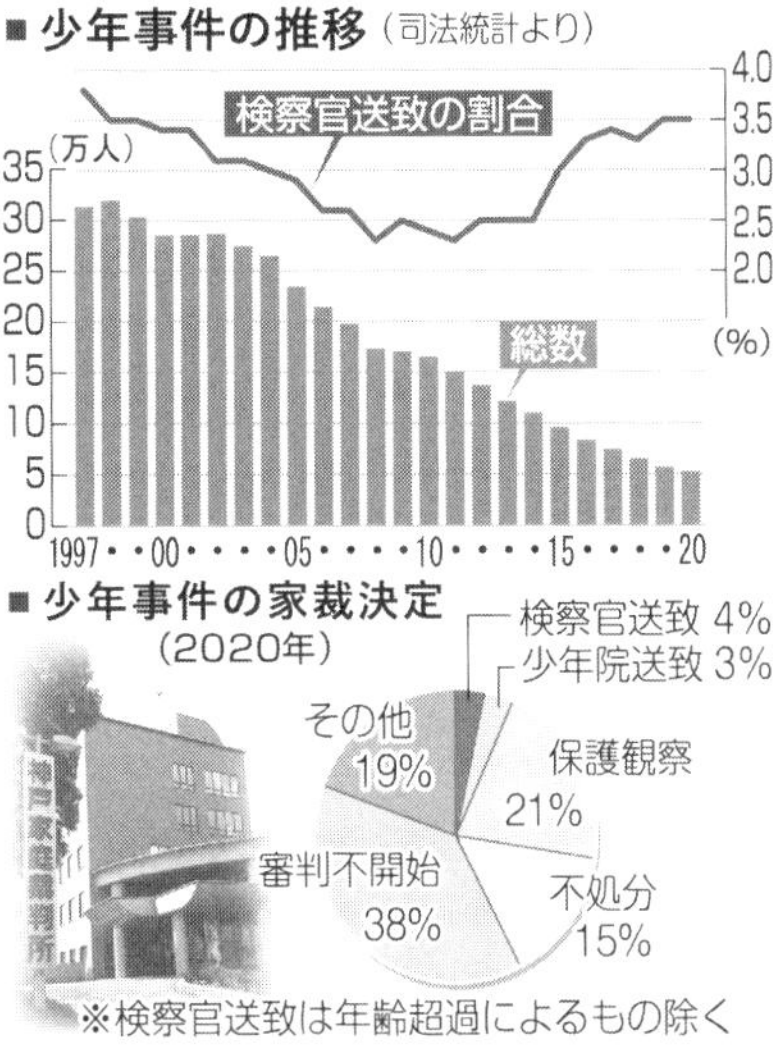

（出典）神戸新聞

凶悪な少年事件

一九九七年に起きた神戸連続児童殺傷事件は、戦後最大の少年事件と呼ばれます。九七年二月、神戸市須磨区で小学校六年生の女児二人がショックレスハンマーで頭部を殴られ一人が負傷しました。翌三月、小学校四年生の山下彩花ちゃんが金槌で頭部を殴られて命を奪われ、直後に別の小学校三年生の女児も腹部を刃物で刺され重傷を負いました。

そして五月二四日に小学校六年生の土師淳君が行方不明になり、三日後に中学校前などで遺体が発見されます。六月四日には、神戸新聞社に赤い字で書かれた犯行声明文が届きました。そして同月二八日、犯行声明文から二四日もたって殺人容疑などで逮捕されたのは、淳君と顔見知りの中学三年生の少年でした。

当時の少年法は刑罰の対象年齢が一六歳以上で、この少年は一四歳でした。刑罰に問えず起訴できません。少年法は一九四九年の法施行から事実上約半世紀、改正されていませんでした。あまりにも衝撃的な犯行態様に少年法改正のうねりが高まり、二〇〇一年の改正法では、刑罰の対象年齢が一六歳以上から一四歳以上に変わりました。〇七年、〇八年、一四年と改正が続き、二二年施行の改正法では、一八歳と一九歳を「特定少年」として、成人に準じた扱いをするようになりました。このように、神戸連続児童殺傷事件を契機に、少年法は雪崩を打つように変わっていきました。

二　検証に不可欠な少年事件記録

注目されなかった文書

少年法改正の源流となった神戸連続児童殺傷事件の全ての事件記録を神戸家庭裁判所が廃棄して

いたという記事を、二〇二二年一〇月二〇日の神戸新聞朝刊で報じました（図表2）。細い糸をたどっていくような調査報道で判明した事実でした。

そもそも神戸連続児童殺傷事件の記録が廃棄されたのは、私が気づくより一〇年以上も前でした。その間には、事件に絡むさまざまな動きがありました。二〇一五年、「少年A」自身が「元少年A」として書いた回顧本、手記『絶歌――神戸連続児童殺傷事件』（太田出版）が発売されました。一六年、週刊文春が追跡した少年Aの近影が同誌に載ります。事件発生から二〇年の節目となる一七年にも関連する報道が多くみられました。これまで膨大な数の報道関係者が取材をして、いくつもの記事が出ましたが、事件記録の存在に触れた人はいませんでした。そして、私もその一人でした。

司法制度改革の嵐

報道後に判明した神戸連続児童殺傷事件の事件記録廃棄日は、二〇一一年二月二八日。私が地元紙、神戸新聞の司法キャップを退任する最終日でした。司法担当のときは、もちろんAの付添人団長を務めた野口善國弁護士や神戸家裁でAの審判を担当した故・井垣康弘判事も取材しましたが、事件記録に目がいっていませんでした。

当時の神戸地裁はどのような状況だったのかというと、廃棄前年の一〇年頃は日本の司法制度が

図表2　事件記録廃棄問題を伝える神戸新聞の初報

「少年A」全事件記録を廃棄

神戸連続児童殺傷事件

審議過程の検証、不可能

神戸家裁 内規に抵触か

神戸市須磨区で1997年、小学生5人が襲われ、2人が殺害された連続児童殺傷事件で、14歳で逮捕され、少年審判を受けた「少年A」の全ての事件記録を、神戸家裁が廃棄していたことが分かった。裁判の判決書に当たる少年審判の処分決定書や捜査書類、精神鑑定書など、非公開の審議過程を検証できる文書一式が消失した。最高裁による内規は、史料的価値が高い記録の事実上の永久保存を義務づけている。神戸家裁は「運用は適切ではなかった」とする一方、経緯や廃棄時期は「不明」としている。（霍見真一郎）

関係者によると、神戸連続児童殺傷事件に関して廃棄されたのは、処分決定書▽兵庫県警、神戸地検が作成した供述調書や実況見分調書▽神戸大学の中井久夫名誉教授（今年8月に死去）らが書いた精神鑑定書▽異例となる4人が任命された家裁調査官による少年Aの報告書―など。

裁判記録を巡っては、2018年に当時の上川陽子法相がオウム真理教を巡る一連の事件の刑事裁判記録を原則永久保存すると表明した一方、19年には憲法判断を争った歴史的な民事裁判の記録が多数廃棄されていることが判明した。少年事件でも重要な記録の廃棄が分かり、改めて司法文書の保存のあり方が問われる。

一般的な少年事件の捜査書類や審判記録は、少年が26歳に達するまでの保存が定められている。しかし、最高裁が作った裁判所の内規で、史料や参考資料となるべきものは「保存期間満了の後も保存しなければならない」とし、26歳以降の「特別保存（永久保存）」を命じている。

さらに、この内規の具体的運用を定めた最高裁通達（1992年2月7日付）は、保存期間満了後も保存する対象例として、世相を反映した事件で史料的価値の高いもの▽全国的に社会の耳目を集めた事件▽少年非行等に関する調査研究の重要な参考資料になる事件―などを挙げる。

これらとは別に、成育歴などを調べた少年調査記録も、保存について同様の内規や通達がある。

一方、成人の刑事裁判記録は、記録の種類や刑の重さなどによって保管期間が法律で定められ、判決文の保管期間は100年から3年までと決まっている。

97年2～5月に起きた神戸連続児童殺傷事件では、山下彩花ちゃん＝当時(10)＝と土師淳君＝同(11)＝が殺害された。少年Aは、「酒鬼薔薇聖斗」という名で挑戦状を遺棄現場に残したり、神戸新聞社に犯行声明文を送ったりし、少年審判を経て医療少年院に送致された。逮捕時は14歳で、当時は刑罰の対象年齢未満だった。この事件は少年法を厳罰化する契機となり、2001年の改正法施行で、刑罰の対象年齢は「16歳以上」から「14歳以上」に引き下げられた。

少年審判は、少年の立ち直りを重視し、非公開となっている。同事件の当時は遺族は傍聴できず、記録も見られなかった。神戸家裁で審判を担当した井垣康弘元判事（今年2月に死去）は、医療少年院送致を決めた際、社会的な影響の大きさなどから、決定の要旨を公表したが、具体的な記録の内容は現在まで明らかになっていない。

神戸家裁は、記録が永久保存にされなかった理由や廃棄された状況は不明とした上で、「当時の運用からすると適切ではなかったと思われる」などとコメントした。複写も残されておらず、紛失の可能性もないとしている。

◆

28面に関連記事、29面で連載「成人未満」第3部を始めます。

神戸家裁「運用、適切でなかった」

神戸連続児童殺傷事件に関する事件記録の廃棄について、神戸家裁のコメントは次の通り。

特別保存に付されなかった理由は不明だ。また、廃棄された当時の状況も不明だ。当時の神戸家裁における廃棄の判断が適切であったかどうかは、廃棄に際して実際にどのような検討がなされたのかが不明だが、現在の特別保存の運用からすると、当時の本事件の記録保存の運用は、適切ではなかったと思われる。

「全国的に社会の耳目を集めた事件」などと、特別保存（永久保存）の対象例を示した最高裁通達

神戸連続児童殺傷事件　1997年2～5月、神戸市須磨区の住宅街で小学生5人が次々と襲われ、2人が殺害された事件。中学3年で当時14歳だった「少年A」が殺人容疑などで逮捕された。刑罰の対象年齢を引き下げる法改正のきっかけとなった一方、犯罪被害者の支援に目が向けられる契機にもなり、2001年施行の改正少年法では、被害者に記録の一部の閲覧・コピーを認め、08年施行の改正法では、重大事件の被害者や遺族に少年審判の傍聴を認めた。兵庫県では心の教育を見直そうと、98年から中学2年での職場体験学習「トライやる・ウィーク」が始まった。

（出典）『神戸新聞』2022年10月20日付朝刊

変わる節目にありました。検察官が起訴しないと決めた事件も、市民で構成する検察審査会が「起訴すべき」と二回判断したら強制的に起訴をする制度に変わり、その全国一例目と二例目が神戸地裁だったのです。民主党（当時）元代表の小沢一郎氏が陸山会事件で強制起訴されるのを見据え、政局も絡んで全国的に注目されたため、神戸の司法記者クラブは連日大騒ぎでした。事件記録が廃棄されたのは、そんな混乱のさなかだったのです。

それから約一〇年の月日がたち、私は医療・科学の担当になっていました。コロナ重症病棟の密着ルポを書いたり、神戸にあるスパコン「京」が「富岳」に変わる節目で連載を書いたりしていました。しかし二〇二二年は、あの神戸児童殺傷事件から二五年となる節目の年でした。

少年法連載「成人未満」

「少年A」の事件から四半世紀。事件を契機に少年法は変わり続け、五度目となる改正少年法が施行されるのも偶然、同じ年でした。少年事件と少年法について地元読者に考える材料を提供することが務めだと考えた私は、当時全く畑違いの担当ながら連載企画を立案し、それが通りました。そして始めたのが、改正少年法を考える長期連載「成人未満」です。

神戸連続児童殺傷事件は二五年にわたって社内外で取材されているような大事件であり、重圧がかかりました。取材班が組まれるのかと思っていましたが、連載開始当初は原則的に私一人でした。

「取材人」と言ってもいい状況を、むしろ粋に感じました。

「成人未満」第二部がある種、転機となりました。神戸地方検察庁で同事件当時、「少年A」を取り調べ、供述調書をとり続けた元主任検事が、事件から二五年たって初めてインタビューに答えてくれました。取材によってわかったのは、その捜査の裏側です。逮捕までの経緯やAの印象、供述過程など、これまで明かされていなかった話を詳細に書くことができました。

「未成熟な少年なので、なぜ事件を起こしたか自分でもわからないところがあったはず」と彼は振り返りました。取り調べは家裁の審判資料にすることが意識され、供述が嘘か本当かを見極める捜査ではなく、納得できるまで追及したかと言えば、していないと話しました。成人の場合、検察官は有罪を取りにいく無駄のない供述調書をとります。それなのに、調書には矛盾した供述や「思い違い」と話した内容も書き残したということに、私は驚きました。家裁の審判で更生を考えていくための資料にするため、話した内容をそのまま記していったと言うのです。私は事件記録に関心を持ちました。

記者としてのジレンマ

実は、「成人未満」を書いていく中で、私はジレンマを抱えていました。

加害少年側に寄り添えば、成育環境の厳しさやその後の立ち直りなど、更生の重要性に立脚する形になります。

一方被害者側に寄り添えば、どうでしょう。子どもを殺されたご遺族が加害少年の年齢に深い理解を示すでしょうか。年齢など関係なく、刑罰化の必要性を訴える声に耳を傾けることになります。「記者」という仕事が、聞かせていただいて記事を書くというスタイルを取るかぎり、この両者の対立を結果的に先鋭化させてしまう構造をどうしても避けられませんでした。

その点少年事件記録は、加害者側の更生を考えている家裁調査官の報告書と、捜査官が犯罪を立件するために書いた供述調書、その両方が入っていることに気づきました。少年審判が非公開のため、少年事件記録は無論非公開だと思っていました。ですが、私は動くことにしました。

三　事件記録の保存制度見直し

「仕方がない」とあきらめない

いよいよ、事件記録廃棄が判明した舞台裏を話します。勝負時が三回ありました。

私は神戸家庭裁判所に、「少年事件記録を情報公開請求されたらどう対応するのか」と問い合わせました。約二か月後に神戸家裁の職員から呼び出され、「平成九年の神戸連続児童殺傷事件の少年保護事件記録は、廃棄済みのため、閲覧または謄写できない。廃棄になった経緯はわからない」

と回答を得ました。特に何かを隠す様子はありませんでした。

ここが一つ目の勝負時でした。

司法機関から説明を受けると、納得できなくてもそこで断念することが多いのではないかと思います。神戸家裁の職員から「保存期間が終了したので廃棄した」と聞き、私も「なるほど、廃棄したんですね」と返しました。しかし、それまで長期にわたってこの少年事件を取材していたため、かろうじて「ですが」と付け加えたのです。「ルールに基づいて裁く裁判所が言うのだから」という既存概念の枠から離れて違和感と向き合い、「長期的に保存する立て付けはなかったのでしょうか」と尋ねました。すると、「世相を反映した事件」や「全国的に社会の耳目を集めた事件」、「調査研究の重要な参考資料になる事件」などは永久保存しなければならないと、最高裁が内部ルールで定めていることがわかりました。

これは大変だと最高裁に廃棄の受け止めを聞いたところ、「見解は差し控えさせていただきます」としたうえで、「いきさつが不明であることは問題はない」と答えが返ってきました。また、家裁の当時の職員に調査することですら、「あくまで個人の記憶や見解の範囲」と、とりつく島もありませんでした。

廃棄はミスかシステムか

この時点では、今回の廃棄が「ミスなのかシステムなのか」が明確ではありませんでした。一件だけですと、もしかしたら「ミス」というふうに見ることができるかもしれない。しかし、ほかの家裁にも見られるようだったら、「システム」なのかもしれません。

ここで二つ目の勝負時がやってきます。全国の状況を調べて最高裁を動かすことを目指すのか、それとも神戸の事件記録廃棄だけで報じるのかという判断を迫られました。各地に取材の範囲を広げれば、特ダネが外部に漏れる可能性が格段に高まります。

二人三脚で走ってきたデスクの助言もあり、私は一か月ほどかけて神戸家裁以外の重大少年事件記録の保存状況を調べました。すると、ほかにも廃棄されていた事件があったほか、保存延長や永久保存している事件もあり、家裁によってばらつきがありました。最高裁で当初把握していた永久保存の少年事件記録は七件のみ。一年間に全国の家裁で保護処分となる非行少年が一万人を超え、それが年々積み上がっていることを考えると、九九・九%は捨てられているということが明らかになりました。取材が整い、初報から三日連続で一面トップと社会面トップ両面を使って事件記録廃棄を報じました。

記事を書くにあたってとりわけ大切にしたのは遺族でした。事件記録は遺族にとって「なぜ自分の子が命を奪われたのか」につながる文書であり、極めて不本意でありますが、我が子が生きていた最後の瞬間を公的に記した記録でもあります。

全国で記録が廃棄されていると知られたことで、各地の地方紙や全国紙も一斉に報じ、少なくとも五二件廃棄されていることが判明しました。廃棄はミスではなくシステムだったという構図が浮き彫りになり、最高裁が動きます。

最高裁が責任を認めるまで

最高裁は、全国全ての裁判所に事件記録の廃棄を止めるよう指示を出しました。新設された有識者委員会が一五回開催され、廃棄・保存経緯の調査、被害者遺族や専門家への聴取を実施しました。ここで三つ目の勝負時が訪れます。最高裁が事件記録の取り扱いをどこまで見直すか、きちんと報道で問題点の指摘を続けられるかどうかという問題です。神戸新聞で連載を開始した当初は「取材人」でしたが、一気に人数を増やして取材班が結成されました。

最高裁の有識者委員会開催後の記者説明で内容がなくなっていったり、多くの全国紙が続報を出さなくなったりしても、東京から遠く離れた神戸新聞では記事を出し続け、最高裁に掲載紙を郵送しました。

日本弁護士連合会や東京弁護士会に話を聞き、事件記録の扱いへの疑問を投げかけたり、被害者遺族に廃棄の受け止めを話していただいたりしました。また、「最高裁への提言」という連載も行いました。高名な弁護士、歴史に残る連続殺人事件で被告の精神鑑定をした医師などが取材を受けてくれました。神戸家裁の当時の職員にも神戸新聞の取材班が直当たりし、事件記録の廃棄について「私が判を押した」という生々しい証言も得ました。これらの掲載記事は累計一〇〇本を超えました。

そして初報から七か月後、最高裁は記者会見を開き、「一連の問題は最高裁による不適切な対応に起因する」と一切の留保をつけずに謝罪しました（図表3）。「最高裁への提言」で書いた多くの論点が、最高裁の見直しに反映されていました。二〇二四年一月には新しい規則が施行され、第三者委員会も立ち上がりました。報道が一定の役割を果たせたと、手応えを感じています。

四　本質を捉えるために何が必要か

三つの視点を意識する

神戸家庭裁判所が少年事件記録を廃棄したと回答する際、職員に隠すようなそぶりは見えませんでした。「職責を果たした」という雰囲気さえにじませていました。何か論拠があるのではないか、そう私は思いました。ここで皆さんにお尋ねします。今回の事件記録廃棄問題はなぜ起きたと考えますか。

図表3　最高裁の調査報告書公表を報じた記事

最高裁 責任認め謝罪

不適切指示で記録廃棄

再発防止へ第三者委

調査報告書公表

1997年の神戸連続児童殺傷事件をはじめ、各地で重大少年事件の記録が廃棄されていた問題で、最高裁は25日、記者会見を開き、調査報告書を公表した。最高裁の小野寺真也総務局長は「最高裁による不適切な対応に起因する」と責任を認め、「後世に引き継ぐべき記録を多数失わせてしまったことを深く反省し、事件に関係する方々を含め国民におわびする」と謝罪した。（3、26、27面に関連記事、25面に報告書要旨）

失われた事件記録

事件記録廃棄問題で調査報告書を公表し、最高裁の責任を認めて謝罪する小野寺真也総務局長（中央）ら＝25日午後、東京都千代田区、最高裁

（出典）『神戸新聞』2023年5月26日付

回答は、大きく三つのグループに分けられるかもしれません。

一つ目のグループは「私は、こう考える」。これはたとえば「全件、永久保存すべきだ」という回答です。つまり主観的な視点です。

二つ目のグループは「私は、こう考える。一方で相手はこう考える」です。たとえば「全件、永久保存すべきだと考えるが、書庫が不足したり、少年法の観点から廃棄しようとしたりという事情も理解できる」という回答です。相手の立場に立ったらどうだろうと考える、関係性の視点です。

三つ目のグループは、一と二の視点を踏まえたうえで、「ただ外部の状況は、こうなっている」などと考える、第三者の視点です。たとえば「そもそも公文書に関する国民の意識は希薄で、そこから対策しなければならないのではないか」というような回答ですね。

確かに、「主観的な視点」より「関係者の視点」が、そしてさらに「第三者の視点」の方が視野は広いと言えるかもしれません。けれども、主観的な視点がしっかり定まっていなければ、主張は上滑りしていきます。つまり、三つの視点をリアルタイムで同時展開できるかどうかが問題の本質に近づくポイントになってくると私は考えています。

記事執筆における論理展開の三つの視点をサッカーでたとえると、主観的な視点は、「ボールをキープできるかどうか」でしょうか。一方で関係性の視点は、自分が持っているボール、ドリブルしているボールを相手にパスするときに、「相手のスピードに合わせてパスを出すこと」でしょう。

こっちのほうから「走れ」というわけにもいかず、相手の気持ちに寄り添えているかが問われます。

でも、それだけでは十分でなく、空から鳥の目になって、今どういう布陣になっているのかを俯瞰してみる必要があります。これが第三者の視点です。

この三つの視点を備えていくことは、ジャーナリズムの世界だけではなく、皆さんが社会に出たときにも役に立つスキルだと思います。

SNSの意見を参照する

弊紙では、連載を書く前に、設計図にあたる「プロット」というものを用意します。論理展開の下絵を作って、それに合わせて詰めの取材をしたり、構成を固めたりしていくのです。

私はその過程で先程お話した三つの視点で推敲を重ねます。第三者の視点を意識し、SNSを使って市井の人々のさまざまな意見に耳を傾けるようにしています。何千というSNSのコメントを読み、自分の書こうとしているものがそれにちゃんと答えられているかを確かめていきます。そして、答えられていないと思ったり、全く気づかなかった視点だと感じたりしたときには、それを書き出し、何度もプロットを直します。

事件記録廃棄の背景

ここまで話した視点の取り方をもとにした、事件記録の廃棄における三つの論点を紹介します。

論点の一つ目は「保存場所の不足」です。全国の裁判所が一年間に保存する記録というのは、最高裁によると文書の厚みで二一キロメートルから二五キロメートルもあるそうです。一方、日本の国立公文書館は二施設のみです。アメリカには四三施設もあることを考えると、日本では「公文書は国民の財産」という認識がまだまだ薄い、というのが残念ながら実状と言えるかと思います。

論点の二つ目は「少年法の存在」です。少年法は、少年を育て直す更生に軸足を置いています。そのため非行少年の付添人を務める弁護士などには、「利用が終わった事件記録は早々に廃棄されるべき」と、保存に反対の意を唱える人もいます。保存期限の二六歳というのは、少年院などに加害少年が入所できる上限年齢なのだそうです。記録廃棄の仕組みは、ある意味で立ち直りを重視して意識的に「風化」させているとも言えるでしょう。

論点の三つ目は、「デジタル保存」です。多くの方は、この廃棄問題に接した際、紙の文書を捨てるのであれば、なぜ全てデジタル保存しなかったのか、という考えを持ったかもしれません。しかし四半世紀前、明治期の民事裁判の判決文をデジタル保存する大規模なプロジェクトが実施され、膨大な時間と費用がかかったということも事実です。形状も様式も異なる紙が一つに綴じられており、過去に遡って膨大なファイルを全てデジタルで保存し直す作業は、現実的ではないという声も多くあります。

安全装置を外して考える

今後、大学を卒業して皆さんは社会に出ていきます。匿名の傍観者でずっといられるかというと、必ずしもそうではないかもしれません。主体的に本質はどこにあるかを考える訓練が必要です。

二〇一〇年、神戸で高校二年生の男子生徒が路上で刺殺される事件がありました。二一年に逮捕されたのは事件当時一七歳の少年でした。神戸地裁が二三年に懲役一八年の有罪判決を下しましたが、報道では被害者は実名で顔写真が載り、すでに三〇歳になっていた加害者は匿名で顔写真は載りませんでした。少年事件では原則的に加害者は匿名、被害者は名前が出ます。このような場合、もし被害者側が匿名を要望していれば、皆さんが記者だったとしたら名前を書きますか。

私は若い頃、新聞を破ると血が流れると思え、と教わりました。言葉には力があり、紙には人々の命が載っている。それはどういうことなのか。

加害者も被害者も匿名だったら、その新聞は何も書かない紙に近いと言えるでしょう。その記事が載った新聞を破っても、多くの人は何も感じません。新聞には「いつ、どこで、誰が、何を、なぜ、どのように」、いわゆる5W1Hを紙面に明確に示すことで、情報に重みが生まれます。しかし実名があれば、「紙を破れば、どこかで血が流れる」のも事実です。

また、「取材された人の同意を取らない記事など許せない」という声も最近よく聞かれますが、取材相手の意向通りの記事だったら、それはまるで広告です。権力者たちが都合が悪いことを隠し、その隠された本音を報じる正確な情報源がなくなったら皆さんはどうしますか。あちこちで背景に広告的な思惑があるようなものばかりが飛び交う中で何を信じたらいいのでしょうか。ただ、本当のことを書けば、血を流す人も必ず出てきます。

剣よりも強いペンの力というのは、最高裁という強い権力を動かすこともありますが、たった一人の人間を深く傷つけることもあります。それはとても怖いことです。

それでも新聞記者は、人間を書いていきます。言葉の力を信じて、ただひたすらに書いていきます。情報に命をつなぎとめる。それが新聞記者の仕事であり、地方紙記者の心だと私は考えています。

❖講義を終えて 「歴史の余白」を消すな

少年事件記録の廃棄問題という、一般の大学生には縁遠い話をさせていただきました。この問題が明るみに出る発端となった記録の、神戸連続児童殺傷事件が発生したのは一九九七年ですから、学生の多くは生まれる前。そして壇上の私も、東京出身の方には馴染みが薄い地方紙記者。そんな講義を集中して聞いてくださったことに感謝します。

講義後に受講生からいただいたご感想は、バラエティーに富んだものでした。司法権力について思いを巡らせた人もいれば、取材手法としての複眼的視点に関心を寄せた人もいました。「命の重さ」を載せて報道する難しさや意義について書いてくださった方もいました。そういった声を嬉しく読みながら、自分の学生時代を思い出しました。

この事件が発生した当時、私は早稲田大学四年生だったのですが、新聞記者になろうとは全く考えておらず、学者を志望して勉強をしていました。ところが、目指した他大学の大学院受験に失敗し、卒業後、急きょ朝日新聞社出版局（現・朝日新聞出版）の「週刊20世紀編集部」に嘱託として入りました。二〇世紀の朝日報道を一〇〇冊で振り返る骨太の雑誌で、編集部は大半が熟練編集者。私は見習いのようなものでした。

あるとき大阪本社への出張があり、ベテラン編集者が選別した歴史的な報道写真をスキャナーで読み取る仕事をしていると、「ちょっと来て」と呼ばれました。彼が作業していた小部屋に入ると、作業机には、コの字に山積みされたセピア色の写真に囲まれるように一枚の写真が置いてありました。

その写真は、墓石が整然と遥か彼方まで並ぶ中、片膝をついた女生徒たちが花を手向けている写真でした。編集者からはほぼ何も説明がなかったように記憶しています。「特攻隊で命を散らした同年代の男子生徒を悼む学徒動員の女生徒、といった構図だな」。私は瞬時に思いました。微動だにしない硬い表情には、「鬼畜米英」と書かれているようにさえ感じます。胸の中で「この時代を知らない若造と思われたのかな。わかりますよ、これぐらい」と若干鼻白んで再びその写真を見ると、小さなルーペが隅の方に置いてあります。覗いて、言葉を失いました。

奥の方に小さく写る子が、笑っていたんです。隣の子は、ぼんやり空を見上げていました。

私は当時、社会構造や人間の行為システムについて調査・分析する社会学者を目指していました。しかしその一枚の写真は、ステレオタイプな私の時代解釈をあざ笑うかのようにそこにありました。

技術が急速に進歩し、いかに情報を収集・活用できるかに社会は熱い視線を注ぎます。そして今後、AIの力によって報道には、膨大な情報処理能力という「爆発的な推進力」と、情報の信頼性の揺らぎという「致命的なブレーキ」の両方がもたらされることでしょう。そのとき重要となるのは何なのか。それは、人の命が載っている情報に接して「感じる」力だと思います。人の営みを描いた情報は、後世の人が読み解くことによって解釈のずれ、すなわち「歴史の余白」も生み出します。今回の事件記録の廃棄問題は、そういった余白を捨て去る行為だったと考えることもできます。

記録廃棄問題を長期連載で報道してきましたが、私自身、反省点が多くあります。問題発覚当初、けんもほろろだった最高裁が急変した舞台裏は、弊紙を含めてほとんど報道されていません。また、デジタル保存の展望や、保存した事件記録をどのように利活用するのかについても議論が深まったとは言えないと考えます。

講義のタイトルを「保身の安全装置を切れ」としたのは、情報があふれる現代だからこそ、思考停止して正解を求め、情報を「消費」してしまうリスクを考えていただきたかったからです。たとえ裁判所が下した判断でも正しいかどうかはわからず、根拠となった事件記録を廃棄してしまえば検証できなくなります。既存概念や権力に屈することなく本質を追求する。それこそが報道に求められている役割と信じます。

3　米軍基地と「命《ぬち》ぬ水《みじ》」のPFAS汚染

琉球朝日放送 編成部 副部長
島袋夏子

一　沖縄の環境問題

米軍基地内の問題をつきとめる

皆さんは在日アメリカ軍基地と環境汚染問題をリンクさせて考えることはあまりないと思います。ところが沖縄では、基地問題が住民の生活に密接に関わっており、今もさまざまな影響を及ぼしています。こうしたことを一般の方々、特に若い皆さんと一緒に考えたいと思って私たちはアメリカ軍基地を原因とする環境問題の報道に取り組んできました。

この番組（『命ぬ水～映し出された沖縄の五〇年～』）はウェールズ出身のイギリス人フリージャーナリスト、ジョン・ミッチェルさんと一緒に制作したものです。ミッチェルさんと私は二〇一一年からアメリカ軍基地とその周辺の環境問題について取材しており、共同で制作した番組は三本目になります。今回ミッチェルさんは共同ディレクターという形で編集や台本制作などにも携わりました。

このような取材では、アメリカの情報自由法を活用してアメリカ軍やアメリカ政府に対して情報開示請求を行う必要があります。ミッチェルさんはその非常に高いスキルを持っています。これは彼が独自に模索し構築してきた手法です。

日本政府も知らないままアメリカ軍基地やその周辺で起きている問題、日本政府が知っていたとしても沖縄県民に公表しない問題、そんなさまざまな環境汚染問題について、ミッチェルさんは直接アメリカ軍やアメリカ国防総省に情報開示請求を行い、文書を入手します。私は日本の外務省や防衛省に対して情報開示請求を行います。そしてミッチェルさんが手に入れた資料と私が手に入れた資料を合わせて検討します。そのような役割分担で私たちは取材を続けてきました。

ベトナム戦争の枯葉剤の影響

これまで私たちがどのように取材をしてきたかをお話ししましょう。

来年二〇二五年はベトナム戦争が終結してから五〇年の節目の年となります。ベトナム戦争当時、沖縄のアメリカ軍基地はベトナムに攻撃を行う前線基地・出撃拠点の役割を担い、多くの兵士や軍用機が沖縄からベトナムへ向かいました。そのベトナムでアメリカ軍は毒性の強い枯れ葉剤を使用しました。ベトナムでは今も三〇〇万人以上の人々が健康被害に苦しんでいると言われており、アメリカ国内でもその管理を行っていた退役軍人が健康被害を訴えています。

私たちは、ベトナムへの出撃拠点であった沖縄にも枯れ葉剤が保管されていたと考えて取材を始めました。その結果、ベトナム戦争当時、沖縄のアメリカ軍基地に勤務していた複数の元軍人が私たちの取材に対して、沖縄で枯れ葉剤を管理していたことを証言しています。実際に、アメリカ軍から返還された元軍用地の地中から見つかった廃棄物のドラム缶を調べたところ、枯れ葉剤の成分の一つであるダイオキシンが検出されました。私たちは、この問題を「枯れ葉剤を浴びた島」というドキュメンタリーとして二〇一二年と二〇一六年に放送しました。

今も沖縄のアメリカ軍基地には危険な化学兵器が残されていて、土壌汚染が広がっているかもしれない。もしそうならすぐに撤去しなければならないのに、私たちにはフェンスの向こうで起きていることを知る術がない。そのような状況を調査報道で乗り越えたい。そんな思いで私たちは取材を続けています。

こうした中、私たちが新たに追及を始めたのが水の汚染問題です。土壌汚染と異なる点は、地下

写真１　市街地で泡消火剤漏出

（出典）琉球朝日放送

水汚染は水の流れにのって、早いスピードで広い範囲に広がることです。

市街地に流れ出てきた巨大な泡

二〇二〇年四月、沖縄県中部のアメリカ海兵隊普天間基地から市街地に、泡のかたまりが次々に流れ出しているのが見つかりました。それは基地で使用されている泡消火剤の泡で、大きなかたまりになって河川に流れ込み、住宅地を漂いました（写真１）。この消火剤はアメリカ軍がベトナム戦争の頃から使っているもので、ＰＦＡＳ（ピーファス）という化学物質が使われていました。

ＰＦＡＳは有機フッ素化合物のことで、撥水性や撥油性に富んでおり、焦げ付かないフライパン、ハンバーガーやポップコーンの包装紙、耐水性のあるコンシーラーやファンデーションなど私たちの身の周りのさまざまなものに使われています。しかし、分解されにくく体内で蓄積されるため、フォーエバーケミカル（永遠の化学物質）と呼ばれています。土壌の中でもほとんどバクテリアに分解されることなく長期間にわたって残留し、空気の動きや水の流れに伴って移動するため、世界中のいたるところに存在しています。

ＰＦＡＳには一万もの種類があると言われます。このうち有害性が明らかになっているＰＦＯＳ（ピーフォス）、ＰＦＯＡ（ピーフォア）などについては製造・使用が規制されています。そして代替品への交替が進められています。

しかし、国際条約で規制されているＰＦＯＳとＰＦＯＡが、沖縄県内の水源から高濃度で検出されたのです。なぜ水道水源からこのような化学物質が検出されたのか、その水をずっと飲んできた沖縄の人々への健康影響はないのか。この問題を追求し、皆さんに知らせたいという思いで制作したのがドキュメンタリー番組『命ぬ水～映し出された沖縄の五〇年～』でした。

二　米軍基地周辺の水源汚染の発覚

国際社会におけるリスク評価

ＰＦＯＳは二〇〇九年、国際条約（残留性有機汚染物質に関するストックホルム条約）で製造や使用が制限されました。

ＰＦＯＡについては、私たちが番組の制作を進めていた二〇一九年に同じストックホルム条約で廃絶を目指すことになりました。

また二〇二三年には、国際がん研究機関がＰＦＯＡのリスク評価を「発がん性の可能性がある」から「発がん性がある」に二段階引き上げました。さらに、もう一つのＰＦＯＳについても「発がん性の可能性がある」ものに位置づけました。

このように近年国際社会は、この二つのＰＦＡＳを規制する方向に舵を切っています。こうしたことを背景に私たちもＰＦＡＳ問題をメディアで目にすることが多くなったと言えます。

健康への影響

ＰＦＡＳの健康影響について、ヨーロッパ環境庁のホームページには腎臓がん、精巣がん、肝疾患、甲状腺疾患等との関連性が記載されています。ヨーロッパではＰＦＡＳの健康影響が、以前から社会問題になっていました。

沖縄では低出生体重児が生まれることとＰＦＡＳの関連性が疑われています。低出生体重児とは、二五〇〇グラム以下で生まれてくる赤ちゃんのことを言います。一九七五年以降、沖縄では低出生体重児の割合が全国平均よりも高い傾向にあることがわかっています。

特に注目されていたのが、アメリカ軍基地周辺の市町村で低出生体重児が多くみられたことです。これまではその原因として、航空機騒音の影響が考えられてきました。しかしＰＦＡＳの問題が明るみに出た際、京都大学医学研究科の小泉昭夫名誉教授は、アメリカ軍基地周辺の市町村で低出生体重児が生まれる割合が高くなっているのであれば、付近の飲料水を調べる必要があるのではないかと指摘しました。ＰＦＡＳと低出生体重の関連性を指摘する研究論文が世界中でいくつも出されているのに、沖縄でその検証が行われていないのはおかしいと言うのです。

不安の中で暮らす住民

深刻なのは、ＰＦＡＳによる飲料水への影響が七市町村四五万人にも及んでいることです。四五万人というのは沖縄県民の約三分の一にあたります。

二〇一六年、沖縄県民に水道水を供給している沖縄県企業局が会見を開き、嘉手納基地近くの水源からＰＦＡＳという化学物質が検出されていることを公表しました。驚いたのは、その発生源が嘉手納基地である可能性が高いということまで明言したことです。

ＰＦＯＳおよびＰＦＯＡについては、それらの合計で一リットル当たり五〇ナノグラムという環境水（河川や地下水）の指針値、飲料水の目標値が二〇二〇年に設けられました。しかし、そのずっと前から嘉手納基地近くの水源からは高濃度のＰＦＡＳが検出されていたことが明らかになっていたのです。一リットル当たり五〇ナノグラムというのは、体重五〇キログラムの人が一日当たり二リットルの水を生涯摂取しても健康に影響が出ないと言われる値です。ところが、沖縄本島中部の主要河川にある比謝川《ひじゃがわ》取水ポンプ場では六〇八ナノグラム（二〇一八年度）、米軍基地内を流れる大工廻川《だくじゃく》では一六七五ナノグラム（二〇一九年度）など非常に高い濃度で検出されていました。

また、嘉手納基地周辺の民家にある井戸では国の指針値の四一倍（二〇一八年度）、ウブガーと呼ばれる湧き水では四二倍という濃度のＰＦＡＳが検出されていました。この湧き水は、赤ちゃんの産湯としても使われていたというほど、地元の人たちにとってはとても大切にされてきた水です。

このように嘉手納基地周辺の水源でＰＦＡＳの濃度が明らかに高いことから、沖縄県企業局は基地の中に何らかの原因があると考えていました。

しかし、企業局の会見から三年がたった二〇一九年、市民グループからの質問に対し、アメリカ軍施設の管理をしている沖縄防衛局が出した回答は「アメリカ軍とＰＦＯＳの因果関係は確認されていない」というものでした。

飲料水や水道水の汚染が放置されたまま、住民は三年間も不安の中にいる。ＰＦＡＳについて調査報道を進め、番組を作る必要性を感じた瞬間でした。

三　米軍基地で起きていた事故

アメリカでは汚染状況を公開

取材を進めていくと、アメリカ国内ではすでにＰＦＡＳが土壌や地下水の汚染原因として問題になっていたことがわかりました。

アメリカ国防総省はＰＦＡＳによる土壌や地下水汚染を調べていました。二〇二〇年の報告書ではアメリカの六五一の施設で、二〇二一年には六三五の施設でＰＦＡＳによる土壌・地下水汚染の可能性が指摘されていました。調査にあたっては各施設の地元住民にも調査の概要が説明され、インターネットでも公開されていました。

水質汚染の原因

私たちは嘉手納基地周辺の水源汚染の原因として、次の四つの経路を考えています。

一つ目は、基地内で保管していた泡消火剤が外に漏れ出して土壌や地下水が汚染された可能性。二つ目は消火訓練のときに使用した泡消火剤で土壌や地下水が汚染された可能性。三つ目は、実際に何らかの事故、たとえば航空機事故の消火に使われた泡消火剤で土壌や地下水が汚染された可能

写真２　嘉手納基地内泡消火剤漏れ

（提供）ジョン・ミッチェル

性。四つ目は、ＰＦＡＳを含む廃棄物が捨てられて土壌や地下水が汚染された可能性です。

こうした中、嘉手納基地で起きた泡消火剤漏出事故の写真が見つかりました（写真２）。これはミッチェルさんが情報自由法を使ってアメリカ軍から入手したものです。写真の泡消火剤にＰＦＡＳが含まれていたかどうかは不明ですが、この写真からは基地内でこうした事故がたびたび起きていた可能性や一度漏出事故が起きたらどのように被害が広がるかを浮きぼりにしています。

通常このような情報が私たちに知らされることはありません。これだけの量の泡消火剤が漏れ出す事故が起きても、基地周辺の住民には知らされないのです。私もこうした事故が土壌や地下水に及ぼす影響についてこれまで全く考えてきませんでした。

写真３　嘉手納基地　丸囲み部分は消火訓練場

（出典）琉球朝日放送

上流に位置する米軍基地の地理的な影響

消火訓練における泡消火剤の使用についても調べました。写真３は上空から見た極東最大級と言われる嘉手納基地です。写真の左下にある円形の施設は消化訓練場です。中央には模擬飛行機が置いてあります。

アメリカ軍は有事に備えて、ここで日々訓練を繰り返しています。公開された文書から、消火訓練でもＰＦＡＳが含まれている泡消火剤が使用されていたことがわかりました。このような大規模な訓練場で繰り返し行われてきた消火訓練で、今までどれだけの量の（ＰＦＡＳを含む）泡消火剤が使われてきたのか想像に難くありません。

滑走路のそばには集落が広がっています。私もここで生まれ育ちました。基地がこれだけ大きいのに対して、地元の人たちは狭い面積にひしめき合って暮らしています。また、航空機が離着陸する滑走路は見晴らしの良い丘陵部につくられます。嘉手納基地は集落に対して上流に位置していて、アメリカ軍が上流で汚した水を、下流に住む地域住民が知らないまま飲まされていたことになります。

経済的に余裕がある人はＰＦＡＳを除去できる浄水器を自宅に設置したり、ペットボトルの水を買ったりすることができますが、経済的に余裕がない家庭ではそれも困難です。

地形的な意味でも、また経済的な意味でも、上流と下流に分断される基地問題の構図が、ＰＦＡＳの問題から見えてきました。

知られざる嘉手納基地の地下水

取材を進めていくと、嘉手納基地の下には地下水脈が広がっていることがわかりました。沖縄県企業局の前身である琉球政府の機関・琉球水道公社に勤めていた方が、沖縄の地下水脈を調査した図面を保管していました。

沖縄は第二次世界大戦末期の沖縄戦後、二七年間アメリカの統治下にありました。図面はその間、沖縄を統治していたアメリカ軍が地下水の流れを緻密に調査したものです。沖縄の日本本土復帰（一九七二年）のどさくさで捨てられようとしていた図面を当時の職員が自宅に持ちかえり保管していました。この方は英語を読むことができたので、その図面の重要性が理解できたのだそうです。

図面から沖縄本島中部、嘉手納基地の下には地下水脈が広がっていることが判明しました。

その地下水脈を利用して、嘉手納基地周辺に二三の井戸が開発され、沖縄県民の水道水として供給されていたこともわかりました。それらの取水量は、多い年で一日あたり約二万トンにも達するなど、小さなダムに相当する規模です。井戸は県民の重要な水源として機能していたのです。

しかし沖縄県企業局は二〇二〇年以降、嘉手納基地周辺の井戸群や比謝川からの取水を可能なかぎり行わないことを決めました。県民にとって重要な水源として使われてきた井戸や、沖縄県中部の主要河川から取水しないという方針に切り替えたのです。沖縄県の飲料水供給システムがPFASの問題で大きく変わってしまったということになります。

米軍基地の調査はできるのか

この問題が根本的な解決に向けて進まない理由の一つに、日本国内におけるPFAS対策の遅れが挙げられます。二〇二〇年まで日本国内にはPFASを規制する数値が定められていなかったため、アメリカ軍に対してPFASの使用停止を求める根拠がありませんでした。

また二つ目の理由としては、日米地位協定の存在が挙げられます。日米地位協定第三条で、アメリカ軍基地の管理権はアメリカ側にゆだねられているため、日本政府も沖縄県も、アメリカ側の許可がなければ基地内に立ち入って汚染源の調査をすることができないのです。

日米地位協定には環境補足協定というものがあります。環境補足協定では、環境事故が起きた際に自治体側からアメリカ側に対して基地内での立ち入り調査の申請ができることになっています。

環境補足協定が成立したきっかけは二〇一三年にさかのぼります。二〇一三年一二月二五日、安倍晋三総理（当時）と沖縄県の仲井眞弘多知事（当時）との間で、全国が注目する重要な話し合いが行われました。当時、日本政府はアメリカ軍普天間基地の移設先とする名護市辺野古沿岸部で基地建設工事を進めるため、沖縄県に辺野古の埋め立て承認を迫っていました。当時沖縄県は、日本政府からの強い圧力で埋め立て承認は避けられない状況だと見ていました。こうした中、沖縄県が埋め立てを承認する事実上の交換条件として日本政府に求めたのが、日米地位協定環境補足協定の締結だったのです。

沖縄では以前から、アメリカ軍に由来する油や鉛などの土壌汚染が問題となっていました。しかし、沖縄県がアメリカ軍に対して情報提供や基地内での立ち入り調査を要請しても、協力してもらえなかったのです。そのため環境汚染に備えた日米のルール作りが必要だと考えられていました。

ところが、環境補足協定が結ばれたあとも状況は変わりませんでした。沖縄県がＰＦＡＳによる水源汚染を受けて、嘉手納基地内での立ち入り調査を何度要請しても許可は出なかったのです。

環境補足協定ではアメリカ側から環境事故の通報があった場合に自治体側は立ち入り調査の申請をすることができるとされています。

しかし仮に通報が寄せられ自治体側が立ち入り調査を申請したとしても、アメリカ側は「妥当な考慮を払う」「速やかに回答する」としているだけで、必ずしも申請を受け入れる義務は課されていなかったのです。

そのため沖縄県民の約三分の一にあたる四五万人の飲料水が汚染され、嘉手納基地がその汚染源と考えられているにもかかわらず、現地で調査さえ実施できない状況になっていました。

四　自分たちの健康を守るために

血中濃度の調査で見えてきたこと

二〇二二年、沖縄の市民グループが京都大学医学研究科の原田浩二准教授に依頼して、沖縄県民三八七人の血中のＰＦＡＳ濃度を調べました。この結果、ＰＦＯＳの血中濃度の平均が北谷町で一二・二ナノグラム、宜野湾市喜友名区で一一ナノグラム、沖縄市で八・七ナノグラム、嘉手納町で七・八ナノグラム、宜野湾市長田区で七・一ナノグラム、検出されました。これは全国平均一ミリリットルあたり三・九ナノグラムと比べると、高い数値であることがわかります。日本国内にはＰＦＡＳの血中濃度に関する基準はありません。一方で、ドイツではＰＦＯＳは一ミリリットルあたり二〇ナノグラム、ＰＦＯＡは一ミリリットルあたり一〇ナノグラムを超えると「健康に影響があると考えられるレベル」と定められています。またアメリカではＰＦＡＳの中でも代表的な七種類の合計値で「血液一ミリリットルあたり二〇ナノグラム」を超えると健康被害の恐れがあると定めています。

沖縄の血中濃度調査の結果を持って直ちに沖縄の人々の健康が脅かされているとか、がん発生リスクが心配されるとは言えませんが、今後も継続して調べていく必要があると考えます。

ＰＦＯＡについては、沖縄県中部の金武町で全国平均（一ミリリットルあたり二・二ナノグラム）の三倍以上の六・七ナノグラムが検出されています。どうしてほかの地域と比較して金武町だけがこのように高い数値となったのかはわかりません。さらなる調査が必要です。

また新たな問題として、ＰＦＡＳの一種であるＰＦＨｘＳ（ピーエフヘクスエス）という化学物質が沖縄の人たちの血中から高い濃度で出ていることがわかりました。ＰＦＨｘＳは二〇二二年まで国際条約でも、国内法でも規制されていなかったものです。

全国のＰＦＡＳによる水汚染

沖縄以外でも各地でＰＦＡＳによる水源汚染が次々に明るみに出ています。この原因として私は次の五つを考えています。一つ目はアメリカ軍基地、二つ目と三つ目はアメリカ軍基地と同様に泡消火剤が使われている自衛隊基地と民間の空港、四つ目が工場や工場跡地、五つ目が廃棄物による汚染です。

二〇二二年から二〇二三年にかけて東京の多摩地域では京都大学医学研究科の原田浩二准教授によって、住民七九一人を対象に血中濃度が調べられました。ここではPFOSの血中濃度の最大値が四五ナノグラムを超えるなど、前述のドイツの指標（一ミリリットルあたり二〇ナノグラム）の二倍以上にも達していたことがわかりました。東京多摩地域の場合、原因としてはアメリカ軍横田基地と近隣にある工場の存在が考えられています。

また静岡市清水区では、過去にアメリカのデュポン社が出資していた化学工場の存在が注目されています。アメリカの裁判で、工場従業員の血液検査のデータが公開され、PFASの一つであるPFOAの数値がかなり高くなっていたことが明らかになったのです。日本国内では最近まであまり知られていなかったことです。

岐阜県各務原市では、水源地から国の飲料水目標値（一リットルあたり五〇ナノグラム）を超えたPFASが検出されました。航空自衛隊の岐阜基地との関連性も指摘されています。

広島県東広島市では、河川や地下水から非常に高濃度のPFASが検出されました。市ではアメリカ軍弾薬庫に由来する可能性が高いと見ています。

岡山県吉備中央町では、浄水場の水から非常に高濃度のPFASが検出されました。浄水場の水源周辺を調べたところ、近くの資材置き場に野ざらしの状態で置かれていたフレコンバッグから使用済みの活性炭が見つかりました。活性炭は、化学メーカーや浄水場などでPFASの除去に使われています。ＰＦＡＳを含んだ活性炭が野ざらしの状態で捨てられ、雨が降るたびに土壌や地下水を汚染したと見られています。

環境省はＰＦＯＳの分解には八五〇度以上の焼却処理、ＰＦＯＡだと一一〇〇度以上の焼却処理をすすめています。適正に処理されず、ＰＦＡＳが分解されていない焼却灰が、埋め立て地や農業用地に撒かれている可能性も懸念されています。汚染源とみられる場所が周辺に存在しないにもかかわらず、地下水がＰＦＡＳに汚染されているケースがあります。これらについては廃棄物の可能性も含めて調べる必要があります。

アメリカにおける除染の推進

このところ、ＰＦＡＳによる水源汚染が各メディアで取り上げられ、身近な問題として受け止められるようになりました。これには、バイデン政権下でアメリカ国内の規制が強化されたことが大きく関係していると思います。

アメリカには環境汚染が生じた際、汚染責任者が特定できてない段階でも、必要な除去費用を石油税などを積み立てた信託基金から拠出すること、また浄化費用負担を有害物質を発生させた企業だけでなく、有害物質の輸送業者や融資金融機関などが負担することを定めた「スーパーファンド法」と呼ばれる法律があります。二〇二四年四月、アメリカ環境保護庁は、ＰＦＡＳのうちＰＦＯ

ＳとＰＦＯＡの二つをスーパーファンド法の有害物質に指定することを決定しました。アメリカ政府の強い意志が見てとれます。

またアメリカ環境保護庁は二〇二四年四月に、ＰＦＡＳのうちＰＦＯＳとＰＦＯＡの合算で、飲料水一リットルあたり七〇ナノグラムとしていた規制値を、ＰＦＯＳとＰＦＯＡそれぞれ四ナノグラムと大幅に厳しくすることを決定しています。

二〇一六年に私たちがこの問題の取材を始めた頃は知られていなかったＰＦＡＳを巡る問題ですが、その後全国各地でさまざまな事実が明らかになっています。しかし沖縄では調査が十分に進まず、原因を特定できないため、根源を断つことができません。引き続き地元のメディアが調査報道を続け、問題意識を全国に広げていくことが大事だと思っています。

❖講義を終えて　誰が沖縄の環境汚染に対して対策をとるのか

日本で公害問題が顕在化した一九五〇年代初めから、公害基本法が制定された一九七〇年にかけて、私のふるさとである沖縄は日本復帰前で、アメリカ統治下に置かれていました。ですから、日本の小学校や中学校で行われている公害史に沖縄は含まれていません。しかしベトナム戦争が激しさを増していた当時、アメリカ軍の前線基地となっていた沖縄では、深刻な環境汚染や公害と疑われる事件がいくつも発生していました。一九六七年には、アメリカ軍嘉手納基地から漏れた燃料油が地下水を汚染し、集落の井戸水に火が付いた「燃える井戸」事件が起きていました。また一九六八年には、小学生二四〇人が海に入った途端、皮膚のただれや痛みの症状を訴える事件も起きていました。この事件については長く、毒性のある海藻が原因だとされていました。ところが最近になってアメリカ軍の公文書から、海に廃棄された毒ガスとの関連を疑う記述が見つかったことが明らかになっています。私たちが追いかけているのは、その延長線上にある今の沖縄で起きている土壌や水源汚染の問題です。しかも私たちが汚染源と見ているのは「企業」ではなく、「軍隊」なのです。

ＰＦＡＳによる水源汚染を取材したきっかけは二つあります。一つは、ドキュメンタリー『命ぬ水〜映し出された沖縄の五〇年〜』の共同ディレクターであり、一三年間ともに米軍による環境汚染問題を取材してきたイギリス人ジャーナリストのジョン・ミッチェルさんの一言でした。「どうして日本のメディアは、アメリカやヨーロッパで社会問題になっているＰＦＡＳを取り上げないの」。

もう一つは、沖縄県がアメリカ軍由来と見られるＰＦＡＳの水源汚染問題を発表してから三年が経過した二〇一九年、沖縄防衛局を取材したときのことです。防衛局（防衛省の出先機関）のトップである田中防衛局長（当時）は、水道水の安全性を懸念する市民グループに対して、「アメリカ軍とPFASの因果関係は確認されているところではない」と述べ、「補償を行うべき状況にあるという結論には達していない」との考えを示しました。

その背景には、日米地位協定の存在がありました。日米地位協定第三条では、アメリカ軍基地の管理権はアメリカ軍にゆだねられています。そのため、約四五万人に影響が及んでいる水道水源の大規模汚染についても、沖縄県は自由に基地内に立ち入り、汚染源を調査することができません。広大な基地を抱える沖縄で、市民の生活を揺るがすような環境汚染が発生したとき、誰が責任を持って調査し、根本的な対策をとってくれるのでしょうか。県民を誰が守ってくれるのでしょうか。

沖縄で起きている水源汚染問題をどうしたら解決できるかと、若い学生たちに質問してみると、「水道水を飲むのはあきらめて、ペットボトルの水を国に支給してもらってはどうか」、「日米地位協定は変えるべきだけど、安全保障の観点から、日米関係が悪化したら困るのではないか」といった意見が寄せられることがあります。しかし豊かな人も貧しい人も、せめて水道水ぐらいは同じように安心して飲める国であってほしいと私は考えます。また、人間が生きていくうえで欠かせない水、水道水の問題を安全保障問題と天秤にかけるべきではないとは思います。

ローカル局には、全国紙のように科学を担当する専門記者がいません。しかし、教科書で教えられている四大公害病も現場は東京から離れた地方にありました。地域に密着しているローカル局の記者が、科学や環境など専門性が必要な分野にも向き合っていかなくてはならない局面もあると考えています。PFASによる水源汚染問題は、沖縄のメディアが提起し、全国共通のテーマとなりました。

――私もその一人として、今後も全国や世界中の軍事基地の汚染問題に取り組みたいと考えています。

4　死亡退院から見えてきた日本社会〝排除〟の構造
――精神医療の現状

NHK ETV特集 チーフ・ディレクター
青山浩平
NHK大阪放送局 ディレクター
持丸彰子

一　内部告発から見えてきた〝必要悪〟

病院スタッフ「そこに入ってしまったら、もう死ぬまで抜け出せないという感じ。山の奥にあって。外部の目はないですね」

〈内部告発映像・音声〉

准看護師「おいなんでこぼすんだよ」

患者「すいません」

准看護師「すいませんじゃねえよ　日本語わかんねえのかよ　オラ」

看護師「また泣くのか？　泣いたらゲンコツでたたくぞお前」

看護師「口の利き方をつけろ〝おい〟って言った？」

患者「言わないよ」

看護師「言ったじゃねえかよ　聞こえてんだよ　なめんじゃねえ」

（患者を暴行）

患者「痛い」

医療スタッフ「あそこの中では人権はないです。医療的にはケアも適当なので実際はどんどん悪くなってしまっていくんですよね」

私たちが入手した、ある精神科病院の内情を告発する映像と音声。家族や地域に居場所を失い、長期間入院していた患者たち。多くの人がそのまま死んでいきました。

病院スタッフ「いらないものを捨てるみたいな感じで、行き場のない人たちのたまり場みたいな。だからそこにいれられるっていうことは求めてる方たちもいらしゃるってことが現実なんだろうな。必要悪じゃないですかね」

患者「ここね、人が人を殺すところなんです。僕を助けてください。お願いします」

ETV特集『ルポ　死亡退院』（二〇二三年二月放送）

青山：私はNHKに入って一六年、東京と大阪の福祉班に長くいまして、現在は「ETV特集」という番組の班にいます。これまで障害や災害医療、貧困、労働、外国人技能実習生といったテーマを取材してきました。中でも継続して取材してきた一つが精神障害や精神医療です。

持丸：私はテレビ朝日で記者・番組ディレクターを経て、二〇一八年にNHKに入局しました。東京と大阪の福祉班で、精神医療、障害者福祉、中絶や出生前診断などリプロダクティブヘルスに関わるテーマの取材をしてきました。

青山：この五年、持丸とチームを組んで精神科取材をしているのですが、冒頭のETV特集『ルポ死亡退院　精神医療・闇の実態』は東京都八王子市にある精神科病院の滝山病院で発覚した患者へ

写真１　滝山病院の内部告発の映像

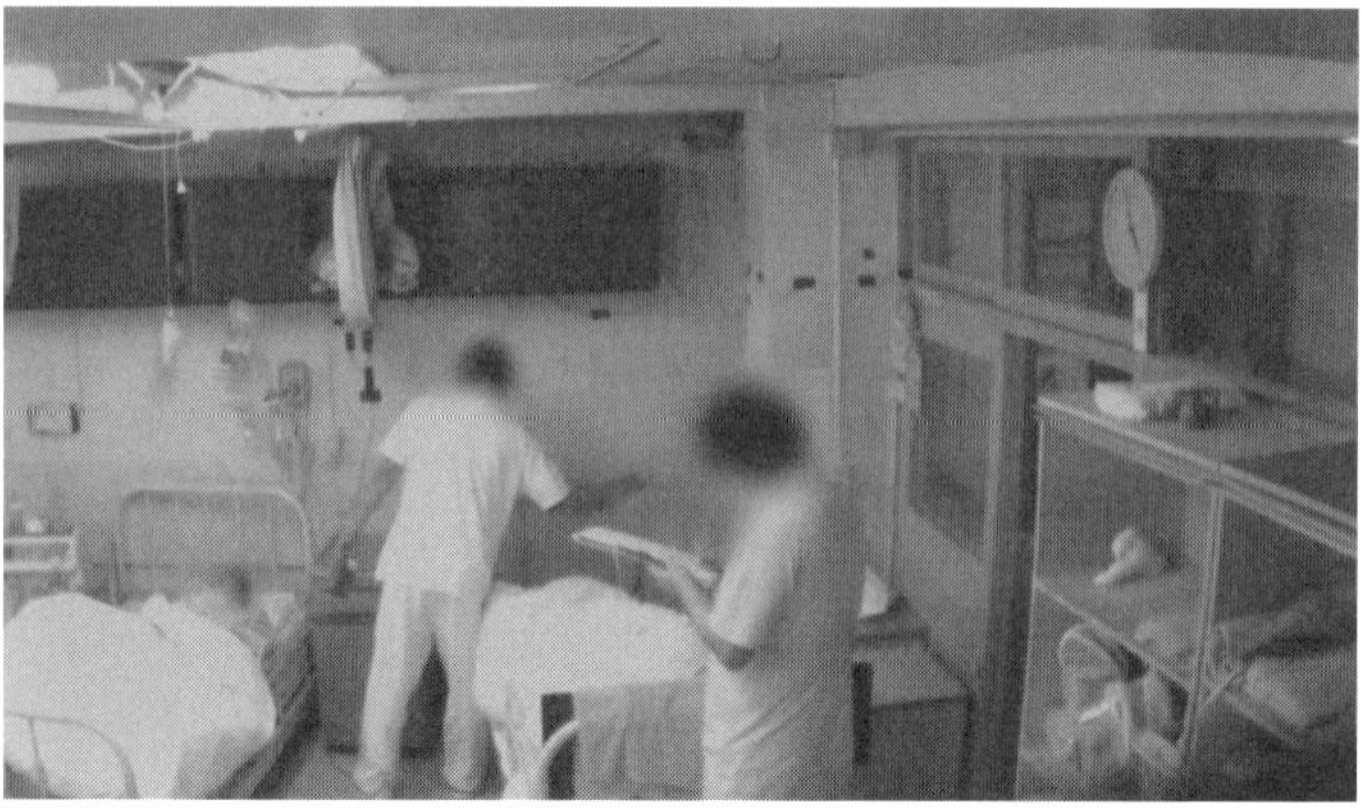

（出典）NHK

の虐待事件を取材したものです。病院の複数の協力者から映像や音声を入手、独自の取材を加えて一年以上取材をして、二〇二三年二月に放送しました。放送の直前に警察による捜索と、東京都による調査が入りました。都知事や厚労大臣が会見、国会の質疑でも何度も取り上げられ、最終的に看護師・准看護師五人が逮捕、略式起訴となり、東京都による初めての改善命令も出ています。

番組のメインとなった内部告発の映像と音声ですが、二〇〇〇時間以上ありました。番組で使った映像や音声は突発的なものではなく、日常的に医師や看護スタッフから患者に対して、患者の尊厳を傷つけるような発言や態度がとられていることがわかりました。

また一四九八人分の患者リストを入手して分析したところ、死亡退院が七八％、つまり八割近くの方が、亡くなって退院しているというような状況が判明しました。

　また、一般の病院では考えられないことですが、滝山病院では看護師などのスタッフの九割がアルバイトです。数少ない職員には七〇代の看護スタッフも多くいて、准看護師が師長になっているケースもありました。また、内部告発の音声を分析すると、看護スタッフから患者への虐待を、医師たちも見て見ぬふりをしていたこともわかりました。つまり病院内ではガバナンスが欠如していました。

ほかの病院や行政が頼る必要悪

青山：取材を進めると、違法な隔離拘束や不適切な強制入院、劣悪な医療など、信じられないような疑惑が次々と浮かび上がってきました。一方で関係者への取材で出てくるのが「必要悪」という言葉でした。滝山病院はほかの病院からも評判の悪い病院です。滝山病院に患者を転院させたことのある都内の精神科の職員は、「〝滝山に行ったら最後〟とよく言われている。暴力行為とか、評判は悪いし、関わりたくはないが、行き先のない患者を無条件にとってくれる滝山病院は〝必要悪〟になっている」と語っています。
　たとえば精神科救急への入院の場合、基本的には入院後三か月経ったら退院・転院させないと診療報酬が下がってしまいます。しかし、滝山病院は慢性期の患者であっても受け入れるため、いろんな病院が患者を転院させる先として頼っているという側面もありました。

患者リストには、連絡先が福祉事務所となっているものも少なくありませんでした。一四九八人の患者リストを分析すると、全体の約五四％、半数以上が生活保護を受給していることがわかりました。滝山病院に患者を多く送っていた自治体のケースワーカーは、行政は滝山病院を頼りにしていたと語りました。その理由について「福祉事務所のケースワーカーは業務が過大になって非常に疲弊している。精神科の患者は濃厚な支援が必要な方なので、行き場のない人をどうするかというのは対応に困難を極めるため、滝山病院に入院させるとお付き合いが少ない状態で入れっぱなしとなるため、ありがたい病院だった」と語っています。

国の全体の生活保護費はおよそ四兆円。その一割に当たる四〇〇〇億円が精神科神経科の入院の患者に使われています。国の社会保障審議会の委員を務める明治大学の岡部卓教授は、生活保護は医療費の取りっぱぐれがなく、安定した収入を得られるというメリットを指摘したうえで「患者不在で病院に押し込めてしまう棄民政策とも言える状況がある」と指摘しています。

精神科には本人の意思とは関係なく入院させられる強制入院の仕組みがあります。取材を進めると、その仕組みが違法に運用され、滝山病院に入院させられたというケースも確認されました。

また行政の指導・監督も形骸化していました。事件発覚の前年度までの指導・監督の記録を見ると、多くが「A」判定と高い評価。ある患者が亡くなったあとに虐待通報があったのですが、行政が行ったのは電話での指導のみ。改善命令といった強い指導は行われておらず、不十分な指導のもとで病院が温存されてきたことも見えてきました。ではなぜこのようなことが起こっているのでしょうか。

二　原発事故で見えてきた精神医療の実態

精神科病院大国・日本

青山：実は日本は〝精神科病院大国〟、世界の精神医療の病床のおよそ二割が日本に集中しており、入院期間も先進国平均二八日に対し、日本は平均二七〇日と突出しています（※データはいずれも次に紹介する番組の二〇一八年放送段階）。

その内実を私たちが知ったのは原発事故がきっかけでした。八年前に出会った〝原発事故で自由を得た〟と語る男性。三九年間、福島の精神科病院に入院していた時男さんです。

（歓楽街の店内）

ホステス「結婚してるの？」

時男さん「結婚してないよ」

写真２　時男さん

（出典）NHK

ホステス「どうして結婚してないの？」

時男さん「結婚する機会なかったんだ。病院に入院してたから。俺　病院暮らし長かったんだ　三九年も入院してた」

時男さん。統合失調症と診断され、精神科病院に三九年入院していました。

ホステス「なんで退院になったの？」

時男さん「退院のきっかけは原発の事故だよ。原発の事故がなかったらずっと福島の病院にいたよ」

二〇一一年に起こった福島第一原発事故。時男さんが入院していたのは原発から五キロ圏内にある病院。すぐに避難指示が出ました。ところが、避難先で入院の必要なしと診断され退院したのです。

時男さん「原発事故がなかったら俺退院できなかったと思うんだよね。原発事故があってほんと俺にとってはラッキーだと思ってる」

時男さんもそもそも長期入院の必要はなかった。そう語るのは、退院後の時男さんを見守ってきた精神科医です。薬を飲み穏やかに暮らす時男さんと話すたび、その思いを強くすると言います。

石川信義医師「どうしてこの人は精神科病院四〇年も入ってなきゃならなかったんだろう。人格の崩壊とか崩れとかいう、そういうような類の状況も見られないし、大変しっかりした人。でそれで、しかもその人が四〇年経っても、そのことに私の方がむしろ衝撃をおぼえたというか、彼もまた精神医療の犠牲者であったか、あるいはまた日本という国の犠牲者の一人でもあるなと」

時男さん「なんで俺が入院しなくちゃなんないかと思って。四〇年間の空白を埋めたいっていいう気持ちでいっぱいです。タイムトンネルから出て過去に行くみたいな感じ」

ETV特集『長すぎた入院』（二〇一八年二月放送）

青山：二〇一一年に起こった福島第一原発の事故。原発の近くにあった五つの精神科病院の入院患者、およそ一〇〇〇人が全国各地に転院していきました。時男さんは県外の病院に転院し、入院の必要がなかったとされ、退院することになりました。こうして自由を得た時男さんの人生をたどりながら、時男さんが患者仲間や病院関係者、家族に会いに行くという番組です。

時男さんは一〇代の頃に統合失調症を発症します。一九七二年から三九年間福島の病院に入院していましたが、長く症状が出ない寛解状態だと言います。実際、福島の病院に入院中の二三年分のカルテを分析したところ、統合失調症の妄想・幻覚が出た陽性症状はわずか三回。薬を変えたときのみでした。

時男さんのように原発事故をきっかけに精神科病院を退院した人は数多くいました。全国に転院していった患者たちのうち福島県内に戻りたいという人たちが集まってきていたのが、福島県立矢吹病院です。こうした患者を一時的に受け入れ、入院の必要がなければ、退院させる取り組みを行っていました。

そこで見えてきたのは精神医療の驚くべき実態でした。多くの人が精神疾患の症状が出ない寛解状態でした。軽度知的障害で精神医療を必要としていないにもかかわらず三〇年（！）も入院していた、という患者にも出会いました。矢吹病院に転院してきた人は五年間で五二人。その半数が二五年を超える長期入院生活を送っていました。この取り組みを行っていた副院長の佐藤浩司医師は「〝適切な治療をやっても改善しないので入院治療が必要とされる人たち〟は四〇名中二名くらい。つまり残りの三八名は入院（治療）を必要としていない。それだけ入院を必要としている人たちはいない」と語っています。つまり、矢吹病院に集まった多くの人が人生の大半を精神科病院で過ごしており、その九割は入院治療の必要がないというのです。

国の隔離収容政策

青山：精神科病院大国である日本の精神医療の状況は「人権侵害に当たる」と国連やＷＨＯから何度も勧告を受けてきました。

この状況は、戦後の国の政策によってもたらされたものです。高度経済成長に向かう一九五一年、国は「精神障害者によって年間一〇〇〇億円の生産が阻害される」として「隔離収容政策」を打ち出しました。当時の国家予算は七五〇〇億円、精神障害者による犯罪や、家族が働けなくなることによる、巨額の経済的損失を防ぐという理由でした。

さらに国は、精神科病院の医師や看護師数の基準を緩和。患者一人にかける手間を減らし、病床数を増やすほど儲かる仕組みにしました。確実な収益が期待できるようになったことで、ほかの業種からの参入が相次ぎ、病床数が急増します。

国による「隔離収容」という流れを決定づける事件が一九六四年に起こります。アメリカの駐日大使が精神疾患の疑いがある少年に刺されたライシャワー事件です。メディアでは、精神障害者を野放しにせず収容すべきとの主張が連日繰り返されます。精神障害者は危険だという風潮がつくられていきました。

社会防衛のため、精神障害者は病院に入れた方が幸せなのだ――。国が差別を助長し、メディアが増幅、地域も家族と当事者を差別し、最終的に家族が病院を頼る「患者本人以外みんな幸せ」システムが作られたのです。

なお、時男さんは現在、長期入院の原因は国の施策にあるという国家賠償の裁判を起こしています。

三　新型コロナウイルス感染症の〝しわ寄せ〟

患者「同じ部屋の人が感染して　どんどん周りにうつっていって　それで閉じ込められちゃう。すごい怖くて　本当にもう不安でいっぱい。このまま死んじゃうんだなって」

一向におさまる気配をみせない新型コロナウイルスの感染。ほとんど報道もされないまま人知れず感染が広がっている場所があります。精神科病院です。

看護師「感染して出勤できなくなる職員が多くなって　ひどいときには（患者）二〇人くらい受け持ったこともありました。ほかの場所のクラスターに比べてあまり問題視されていないというか」

精神科病院院長「多くの地域の精神科の病院で身体に病気が起こったときに（精神疾患のある）患者が受ける治療は精神に障害がない人が受けている治療より明らかに劣っている　コロナは我々が見て見ぬふりをしようと思っていた問題を明らかにした」

ETV特集『ドキュメント　精神科病院×新型コロナ』（二〇二一年七月放送）

密着　新型コロナ専用病棟

青山：原発事故によって精神医療の内実の一端が見えたのですが、二〇二〇年に始まった新型コロナウイルス感染症（以下、新型コロナ）の感染拡大により新たな側面が見えてきました。

写真３　新型コロナの患者を受け入れていた松沢病院

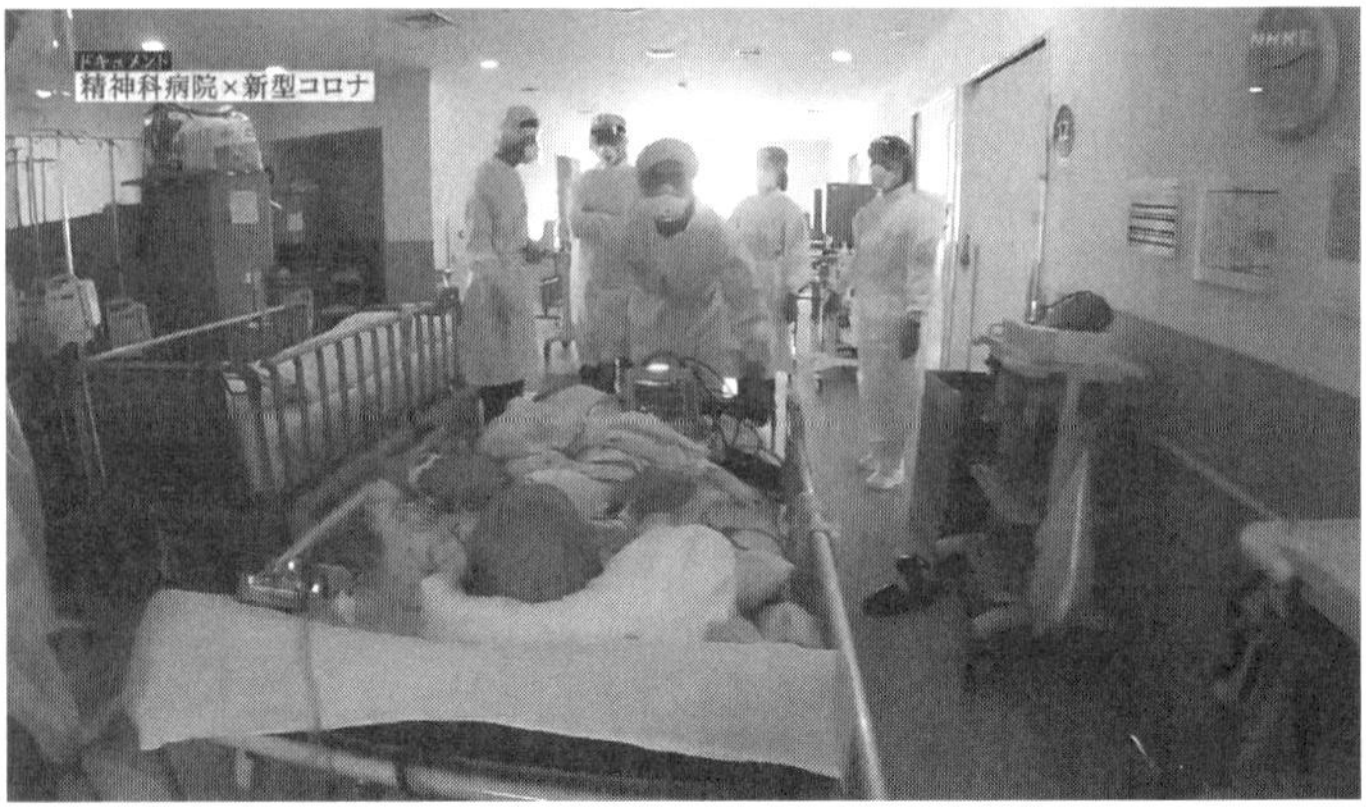

（出典）NHK

全国最大規模の精神科病院、都立松沢病院には、都内の精神科病院から陽性患者を受け入れる新型コロナ専用病棟が設置されていて、持丸ディレクターが一年にわたり密着しました。ここに運ばれた患者や関係者への取材から日本の精神医療が抱えるもう一つの深刻な問題が浮かび上がってきたのです。

持丸：私が二〇二〇年から一年間取材した松沢病院の当時の院長の齋藤正彦さんは、精神医療の現場で精神疾患のある人たちの置かれている状況について、強い問題意識を抱えていました。「取材を通して、問題点も含めてきちんと伝えてほしい」と言われていました。

松沢病院は多くの精神科病院と異なり、身体合併症の治療を行うことができます。そのため、都内の民間の精神科病院でクラスターが発生したときに、陽性患者を受け入れて、精神疾患と合わせて新型コロナの治療を専門的に行う取り組みをしていました。

日本では、精神科病院の多くは単科の民間病院です。民間病院の中には、きちんと運営をしている病院もありますが、一方で経営を優先するあまりに患者のケアの質が著しく低い病院もあり、医療の格差は深刻な問題です。松沢病院の患者受け入れの取り組みを一年間密着取材する中で、そうした精神医療の現場の実態が見えてきました。

脆弱な医療体制・低い人権意識

持丸：松沢病院に転院してきた患者のうち、二〇〇人規模のクラスターとなったある病院に入院していた患者たちを取材すると、新型コロナの症状の悪化に加えて、基本的な体のケアが十分になされていない患者が多くいることに気づきました。中には、骨にまで達した重度の褥瘡（床ずれ）がある患者もいました。

なぜこのような状況が起きていたのか。この病院では築六〇年以上の病棟を使用していて、患者たちは日頃から畳敷きの大部屋に収容されていたことがわかりました。そのため、たとえ新型コロナの感染者が発生しても、病棟内には陽性患者を隔離できるスペースもありませんでした。病院は、陽性患者が発生した直後から保健所に連絡して指導を仰いでいましたが、保健所の指示は、「なるべく隔離する」、ただし「陽性者を別の部屋に移すことは、個室や空室がない状況では行わない」

というものでした。隔離もままならない古い病棟の中で、感染は爆発的に拡大していったといいます。

また、少ない人数で患者を見る医療体制も、事態の悪化に拍車をかけました。一般的に精神科病院では精神科特例と言って、他科に比べて医療者は少ない人員配置で良いことが定められていて、この病院も例外ではありませんでした。そのため、ただでさえ少ない職員が新型コロナに感染し、患者は必要最低限のケアもなされないまま、放置される状況となりました。こうした脆弱な医療体制の中、最終的に八人が死亡しました（二〇二一年七月時点）。

また、別のクラスターが発生した病院では、深刻な人権侵害が起きていることもわかりました。この病院から松沢病院に送られてきた陽性患者の中には、糞尿にまみれた状態で転院してきた患者がいました。この病院では、陽性患者をポータブルトイレ一つだけを置いた大部屋に集めて、外から南京錠をかけていたことがわかりました。東京都はこの事実を把握していて、後日電話で指導を行ったとしています。一方で指導の詳細については回答を拒否。理由は「病院の運営に支障が出る可能性があるため」というものでした。患者によると、こうした状況についてはしばらくの間改善されることなく、隔離は続いたと言います。

持丸：松沢病院での一年間の取材を通して見えてきたのは、精神科病院の脆弱な医療体制や、人権意識の著しく低い病院の存在、そこに対してまともな指導や介入を行わない国や行政の姿です。そしてもう一つ大きな問題として浮かび上がったのは、精神疾患のある人たちはたとえ新型コロナにかかっても、一般の人たちと違い、専門病院では対応してもらえないという差別的な医療構造の問題でした。

番組の最後で都立松沢病院の齋藤正彦院長（当時）はこう話しています。

「この病院にコロナウイルス感染のために送られた人たちは、社会的にパワーのない人たちばかり。守ってくれる家族もいないし、家もない。長いこと精神科の病院にいて、社会から全く根を切られちゃっている。世の中に何かが起こったとき、ひずみは必ず脆弱な人のところに行く。社会には弱い人たちがいて、僕らの社会はそれに対するセーフティネットをどんどん細らせているのだと、もう一度思い出すべきだ、と僕は思う」

四　ブラックボックス化を止めるために

滝山病院事件の顚末

青山：実は新型コロナの取材をしている中でさまざまな医療関係者から「もっと酷い病院がある」

写真4　滝山病院

（出典）NHK

と名前が挙がったのが滝山病院でした。その後、複数の協力者から内部告発を受け制作したのが『ルポ 死亡退院』です。

取材を進める中で、滝山病院では医療にも大きな問題があることがわかってきました。命にかかわる褥瘡ができている患者が数多くいて、終末期の患者に対して本人や家族が望まぬ延命も行われていたのです。内部告発の音声には朝倉重延院長の言葉が残っていました。

「また一人逝っちゃったな。申し訳ないけどそういう人ばっかなんだよな。まあしょうがないんだよな。やっても助かるっていうか伸びる奴もいればそのまま逝っちまう。そういうレベルなんだよな。根本的に治すなんてとんでもない話だよ。いつか死ぬ」

今から二四年前、埼玉県にあった朝倉病院で、四〇人ほどの入院患者が不審な死を遂げるという事件がありました。生活保護の患者を集め、身体を違法に拘束していました。さらに過剰な栄養点滴など治療を行い、診療報酬を不正に得ていたことも明らかになりました。事件後、病院は事実上の廃院となり、院長は保険医の資格を取り消されました。この朝倉病院で院長だった人物が、現在滝山病院院長の朝倉重延医師です。

事件発生以降、東京都は滝山病院に対し虐待についての改善命令を出しましたが、二〇二四年六月段階で医療についての処分は行われておらず、病院経営は継続しています。今年一月、朝倉院長は辞任することを発表しましたが、後任が見つからないとして、今もその職にとどまっています。

（※二〇二四年八月三一日に辞任）

精神疾患のある人への隔たりをなくす

青山：日本では精神疾患に対する偏見や無理解がまだ大きくあると感じています。滝山病院に入院している人は特別な人ではありません。大学を卒業して出版業界で働き鬱になった人、コンビニ経営に失敗して身を持ち崩した人、タクシー運転手をやっていて認知症になった人などもいらっしゃいました。精神疾患は誰にでも起こりうる病気ですし、認知症の方も少なからず入院されていたので、自分たちの祖父母や両親が入院することになるかもしれません。決して遠い世界の話ではなく、自分たちの将来にも密接に関わることなので、皆さんに強く関心を持ってほしいと願っています。

持丸：日本の精神医療の状況は、社会からの隔離がベースにあります。その日本社会全体の意識を変えていく必要があると考えています。滝山病院の問題は氷山の一角で、決して精神障害だけの話でもありません。たとえば、隔離で言うと知的障害のある人たちの施設、筋ジストロフィー難病の患者の病院などにも当てはまります。人権侵害は至る所で起きていながら、そのことに私たちが気づいていないだけなのではないでしょうか。日本では、子どもの頃から障害者と健常者が分けられて教育を受け、生活をし、そうした中で障害のある人たちが直面している問題に目を向けずに済むような社会構造になっているのだと思います。障害のある人やマイノリティとされる人たちの声がきちんと反映される社会にしていかなくてはいけないと思います。

❖講義を終えて　誰かがやり続けること

青山浩平

皆さんが熱心に番組を見たうえで質問してくださり、ＥＴＶ特集という視聴率が高いわけでもない地味なドキュメンタリー番組を作っている身としては本当に感激しました。

〝小さき人々の声〟が届くよう番組を心血を注いで制作していますが、講義をしてみて、届いたのかもしれないな、と直接感じることができた時間でした。

僕が、ドキュメンタリーの番組の道にどっぷり浸かることになったきっかけは東日本大震災でした。災害医療の現場に密着して特集番組を何本か放送したのですが、そのときに感じたのは「人任せでは何も変わらない」ということでした。

自分達でファクトを発見して自分たちで伝える。現場で体感する怒りも含めた〝えもいわれぬ〟感情をカメラで閉じ込め、見ている人に追体験してもらう。それが、テレビドキュメンタリーのできることだと思っています。

今回講義させていただいたのは、これまで八年に渡って継続的に出し続けてきた番組の一部です。「衝撃を受けた」「恥ずかしながら知らなかった」といった感想をいただきましたが、私たちも同じことを感じながら取材をしています。現場に立つと絶望的な気持ちになるときもあります。怒りに打ち震えているときもあります。なんとか状況が変わってほしい。そう思いながら必死に番組を作っても、何も変わらないということもあります。

世の中におかしいと思っていることがあるとして、傍観者になっても何も変わりません。またメディアによってすぐに世の中が変わるということはありません。しかしさまざまな分野で、誰かがやり続けないと何も変わらない。そう念じ続け、取材を続けています。

❖講義を終えて　弱い立場にある人たちの声がかき消されない社会を目指して

持丸彰子

一限と早い時間の講義でしたが、皆さんとても熱心に耳を傾けてくださったこと、また、講義後も非常に熱量のあるコメントを寄せていただいたこと、大変嬉しく思っています。

レポートでは、精神科病院という場所で起きている問題について、「今まで全く知らなかった」という率直な驚きの声を寄せてくださる方が多く、そのうえで、他人事ではなく自らの身に引き寄せて考えることが差別や偏見を減らしていくために大事だと、自分事として問題を捉える声が多かったことが大変印象的でした。

また、「誰もが声を上げやすい社会になったように感じていたが、声を上げられない人がもっと声を出せない社会になっているのではないか」という感想を寄せてくださった方もいて、私自身も日頃から感じていることと重なり印象に残りました。近年、インクルージョンや多様性などといった言葉が浸透し、一見誰もが住みやすい社会に近づいたようにも見えますが、精神医療の取材をしていると、障害のある人たちに対する差別や偏見に端を発する問題は解消されるどころか、より深いところに潜って見えづらくなっているのではないかとも感じます。

メディアの立場から、精神科病院の患者さんをはじめ弱い立場にある人たちの声がかき消されてしまう現状を少しでも変えていくためにどのような発信が出来るのか、考え続けていきたいと思います。

5　南米アマゾンの〝水俣病〟
——世界の片隅にある不条理とメディア

TBSテレビ報道局　編集主幹・解説委員長
萩原　豊

一　小さな声の拡声器に

社会の課題に光をあてる

「社会の課題に光をあてる」。メディア・ジャーナリズムの重要な役割の一つです。長い取材活動の中で、これを常に強く意識してきました。現場を取材し、表に出ていない社会課題を浮き彫りにする。問題提起を社会に投げかけることで、世論が喚起され、政党の公約や政策に反映される。そうした動きにつながれば、課題解決の可能性が出てきます。国内で言えば、たとえば、政治とカネ、いじめ、介護問題、差別、奨学金の負担問題などが挙げられます。

本題に入る前に、短く自己紹介しますと、TBS報道局で、社会部、『報道特集』、『筑紫哲也NEWS23』、ロンドン支局長、『NEWS23X』特集キャスター、社会部デスク、『NEWS23』編集長、番組プロデューサー、外信部デスクなど。海外五〇数か国含めて現場で取材を続けてきました。本日は二〇一九年から二〇二三年初めまで、ニューヨーク支局長としてアメリカ駐在時代に中南米で行った取材についてお話ししていきます。

私は、日々のニュースだけでなく、国際的であり、かつ日本にも共通する重要な課題を取材し、日本の視聴者に届けたいと考えていました。課題の中でも、弱い立場の人々の、かすれるような小さな声の「拡声器」になる。社会から見過ごされている、市井の〝小さな声〟を拾い上げることを念頭に置いてきました。

アマゾンの環境破壊を追う

一つ目のテーマは、世界最大の熱帯雨林、アマゾンです。当時、違法伐採や火災などによる森林消失が国際的に注目されていました。しかし取材を進めると環境破壊に留まらない、深刻な問題も見えてきたのです。ニュース特集やドキュメンタリー番組『ブラッド・ゴールド～アマゾン先住民の闘い』で報じました。

〈ナレーション〉
世界最大の熱帯雨林。アマゾン。
この地に太古の昔から暮らす先住民たち。
彼らの新たな闘いが始まっている。

アマゾンで違法伐採業者を探しに取材クルーを案内する先住民の男性
「ほかにも道があるから　必ず奴らを見つけてやる」

凄まじい勢いで拡大を続ける違法伐採。
年間、東京都全体の六倍もの面積が失われているという。
その木材が海外に輸出される。
この演説が取材のきっかけだった。

〈国連　気候変動対策会議〉
アマゾン先住民の女性「皆さんが現実に対して目を閉じている間に　幼なじみで土地の保護者

アリ・ウルが殺されたのです。森林を守ろうとして」

アマゾンを守ろうとする先住民が、なぜ殺害されるのか。

問題は違法伐採だけでなく、近年この地に集まっているのは金の違法採掘業者だ。

アマゾンの森や川が大規模に破壊しているという。

さらに金の採掘に使われている水銀が子どもたちの身体までも蝕んでいることが明らかになった。

それはブラジルの水俣病と呼ばれ始めている。いったい、アマゾンで何が起きているのか？

国立研究機関「フィオクルズ」パウロ・バスタ医師「ブラジルの状況は混沌そのものです。アマゾンが死んでしまうかもしれないという危機に直面しているのです」

『ブラッド・ゴールド〜アマゾン先住民の闘い』冒頭部分より

なぜ、この問題に着目したのか、経緯からお話しします。当時、駐在していたアメリカにおける重要なニュースと言えば、新型コロナウイルスの感染拡大でした。世界最大の感染国であり、患者、死者数や政府の対策、ワクチン開発など多岐にわたって連日報道を続けました。また大統領選挙や

ＢＬＭ＝黒人の人権向上運動などもありました。アメリカで起きている、いわゆる「ストレート・ニュース」を伝えることが、ニューヨーク支局の重要な役割です。

その一方で、赴任前から中南米地域における重要な課題を伝えたいと考えていました。当該地域に留まるものではなく、日本にも影響がある課題を選択したい。当時、アマゾンの開発に肯定的な姿勢を取っていたブラジル・ボルソナロ大統領のもとで、一年で東京都の六倍にもあたる面積の森林が消滅する事態が起きていました。〝地球の肺〟とも言われるアマゾンがこのまま失われたら、将来、地球全体で気候変動が加速する。当然、日本にも大きな影響がある問題です。そこでテーマの一つと設定しました。

問題意識の〝アンテナ〟に

記者にとって重要なのは、常に複数のテーマで、強い「問題意識」を持つことだと考えています。そのテーマに関する情報を日々収集し続ける。アンテナを張る。そのうえで、何らかのチャンスがあれば、すぐに取材に結びつけようという、〝攻めの姿勢〟を持ち続けることが極めて大切です。

「世界の環境活動家が殺害されている」。ＢＢＣの記事を見かけました。記事によると二〇二〇年に二二七人の環境活動家が殺害されており、その三分の一近くが森林伐採、鉱山の発掘、大規模な農業関連ビジネスなど、資源利用に絡んだ殺人だと言います。なぜ環境を守る活動家が殺されなければならないのか。記事で引用されていた国際NGO団体の元資料を入手したところ、環境保護と対立する開発側の犯行が示唆されていました。開発のために環境を守る活動家を殺害し、環境保護活動自体を弱めようとしている——もし、そうした犯罪行為が存在するならば、極めて重大な問題だと考えました。

そして国連の気候変動対策会議における「環境活動家の友人が殺された」というアマゾン先住民の演説を知り、殺害の裏側には開発側との対立があったのか、アマゾンの環境破壊の実態について調べなければ、と思ったのです。環境活動家を邪魔に思う組織の犯行が事実であれば、と考えると、私は強い「憤り」を覚えました。「憤り」——。社会で起きている不条理を許していいのだろうか？取材にかけるエネルギーは、時に「怒り」や「憤り」が起点になる場合が少なくありません。もちろん、ジャーナリストとしての、冷静で客観的な視線も保ちつつ、憤りの感情を原動力にする。このような経緯から、本格的な取材に着手したのです。

二　立ち入りが厳しく制限されている先住民地域へ

どのように取材要素を固めるのか

取材が実現するまでに、相当の時間を要しました。まずアマゾンの先住民地域への立ち入りは厳

図1　アマゾン地域の河川

しく制限されており、先住民族の互助組織や政府機関に取材目的などについて理解を得て、立ち入りや撮影の許可を取る必要がありました。

取材内容のリサーチも難航しました。環境破壊は具体的にどのような状況なのか、何を撮影できるのか、詳細がなかなか見えません。アマゾンの奥深く、先住民地域に居住するムンドゥルク族の人々とは携帯電話も通じません。無線を通じて近郊の町に出てくる機会を狙います。現地のスタッフ、地元の協力者を通じて、先住民との面会に合わせて、こちらで取材内容に関する質問を列挙して伝え、回答をもらう形をとりました。こうしたやりとりを繰り返しながら、交渉に半年以上をかけ、取材の輪郭がようやく見えてきました。違法な森林伐採の現場をどこで撮影できるのか、違法採掘の現場は近くにあるのか、撮影時のリスクはどの程度なのか、などの基本的な状況を把握するにも時間がかかりました。

取材しようと考えていた地域は、アマゾン川の支流を小型ボードで移動するしかありません。ムンドゥルク族の集落は点在しており、集落間を移動するのに、ボートで数時間かかることもわかってきました。気候変動の国際会議で演説した先住民族の女性も取材候補に挙げていましたが、彼女が住む集落はあまりに距離が離れていることもわかりました。移動距離の関係で、取材を断念せざるを得ない対象も少なくありませんでした。

テレビの取材では、記者に加え、コーディネーターやカメラマンの同行、機材運搬も必要になります。相当のコストや時間をかける海外取材には、「確度の高い」取材要素を揃えなければ、なかなか踏み切れません。このときも、何とか最低限の取材要素を見通すことができ、取材に至りました。

未知数の多い取材

ニューヨークからアマゾン川沿いの都市まで航空便を三回乗り換え、さらに車で三時間ほど移動。その後、集落を目指して小型ボートに乗ります。ボートで五時間以上の移動が必要な集落もあり、またセスナ機での移動も強いられた取材もありました。

事前に、おそらく撮影が成り立つだろうと見通せていたのは、集落近くにあるという違法伐採の現場、先住民によるパトロールの同行などでした。しかし、それだけでは問題の本質に切り込む取材になりません。未知数の部分が多々あり、現場での撮影交渉に成否がかかっていることを覚悟していました。

現地では、ムンドゥルク族のアンデルソン・パイニョンさんが協力的で助けられました。三一歳という年齢ながら、先住民族の互助組織の会長であり、メディアの役割をよく理解されていたと思います。私からも日本メディアが取材する意義について熱く語りました。彼も自分たちが抱えている深刻な実態を、国際社会に訴えたいという強い思いを持っていました。

海外取材の現場では、パイニョンさんのようなキーパーソンに対して伝える、こちらの「熱量」がとても重要です。相手が異なる国籍や人種の人であればなおさらです。取材者の本気度は見抜かれます。取材の目的を丁寧に説明して、十分に理解してもらうことが大切です。キーパーソンは、権限を握っている人、コミュニティから尊敬を集めている人、メディアに理解がある人など。信頼関係を築くことで、取材に積極的に動いてもらえることがあります。特に初対面であれば、キーパーソンをめぐる状況を把握して、正面から向き合うことが重要です。この協力の有無で、取材成果は大きく変わります。

ムンドゥルク族の集落で取材を進める中で、違法伐採だけでなく、金の違法採掘がもたらす影響も極めて深刻であることがわかってきました。

現地の医療機関などへの取材から、金の違法採掘現場の周辺で、先住民の子どもたちに、身体の障害などの健康被害が続出していることがわかりました。ムンドゥルク族の血中の水銀濃度を調査した国立研究機関の論文も発表された直後でした。健康被害は、違法採掘に大量に使用されている水銀が要因と見られるというのです。調査団の医師らの取材を追加撮影して、一時間のドキュメンタリー番組を制作しました。

当初の取材では、時間の制限などから断念せざるを得なかった、①健康被害がより深刻な子ども（死亡のケースも）、②違法採掘業者への直接取材、この二点を、近く必ず取材したいと心に留めながら、次の機会を探りました。

三　再びアマゾン取材へ　リスクとの向き合い

何の罪もない子どもたちに現れた不条理

取材で培った信頼関係から継続的にリサーチを進め、約一年後、再びアマゾンに入りました。ふたつの取材も何とか実現し、『ブラッド・ゴールド』の続編として、「ｎｅｗｓ23」などで報じました。

〈ナレーション〉
アマゾン川の支流をボートで五時間ほど遡った奥地に、先住民ムンドゥルグ族の集落があります。八歳のアレックス君。出生時、異常は見られなかったものの、成長とともに障害が明らかになってきました。

父アオド・カロさん「物をつかめず、ひとりで食べることもできません。いろいろなことができません。座ることもできません。少ししか話すことができません。（医師の診療でも）アレックスのどこに問題があるのか、今まで何も答えが出ていないのです」

異変が起きているのは彼だけではありません。先住民集落の訪問診療を二〇年にわたり続ける医師は。

サンタレン州立病院 ジェニングス医師「私がもっとも懸念しているのは、脳の異常とともに生まれてくる子どもです。この地域では実際多くの子どもがこのような症状を持っています」

さらに医師は死亡例にも着目しています。

ジェニングス医師「私が把握しているだけでも、この地域全体で一〇〇人以上が神経系の異常で亡くなっています。そのほとんどが子どもでした」

何が原因なのでしょうか。国立の研究機関による検査で、アレックス君の毛髪から検出されたのは国際基準を大きく上回る高濃度の水銀でした。

ジェニングス医師「水銀は母親の胎盤を通して、胎児の脳に異常を引き起こします。先住民地域には歩けない子どもや脳性麻痺の子どももいます。おそらく水銀中毒によるものと考えられ、体系的に研究することが必要です」

地域の医療環境では、精密な検査が難しく、明確な要因は未解明であるものの水銀の可能性が高いと見られています。

（アマゾン川の支流での船の映像）

記者「あちらに停泊しているあの船が金の違法採掘船です。作業の過程で水銀を大量に使用していると指摘されています」

拡大を続ける金の違法採掘。その際使われる水銀が川に流入し、汚染された魚を食べることで健康被害が起きているのでは、と指摘されているのです。

金の違法採掘業者が匿名で取材に応じました。セスナ機で一時間二〇分。アマゾンの奥深い森で進める金の違法採掘の撮影を許されました。

（密林の中の違法採掘現場の映像）
記者「ここが金の違法採掘の現場です。作業員が水で土を崩しながら、金が含まれた土砂を吸い上げています」

（土砂の映像）

違法採掘現場の作業員「白くなっている水銀に金が付着している。金だが水銀が付着しているので金の色ではない」

過去に大量に土壌にまいた水銀に金が付着していると言います。現場の作業員は、水銀は外部に漏れないようにしていると説明しました。

違法採掘業者の代表「逮捕される不安はない。当局が逮捕に踏み切ることはほとんどない」

五〇〇〇ヘクタール。東京ドーム一〇〇〇個分という広大な面積で採掘を進めていることを明かしました。

記者「子どもに何らかの影響があるということで、水銀の使用をやめるつもりはありませんか?」

代表「水銀は使ってはいるが、外部に流さないような仕組みにしている」

違法業者の主張に対し、先住民側は……。

ムンドゥルグ族　ジュアレス・サウ首長「金の採掘業者が言っていることは事実ではありません。河に捨てられる水銀の量も増えています。今、私たちは自分たちの健康をとても心配しています」

ブラジルの水俣病と呼ばれ始めている先住民の健康被害。実態の解明が求められています。

サウ首長「私たちは多くの子どもが、障害があって生まれてくることをすでに知っています。外国、日本の人々が私たちの問題を理解してくれることを期待しています」

（記者：萩原豊、「〝ブラジルの水俣病〟と呼ばれる健康被害」）

環境と開発の分断

国立研究機関によるムンドゥルグ族の調査で、血中の水銀濃度が国際的な基準を大きく上回っている人たちが多数いることが明らかになりました。現地の医療機関の医師たちは、子どもたちの障害は「水銀被害の可能性が高い」という見解を示しています。現地では精密な検査体制が不十分であるために原因は確定していません。熊本県で起きた水俣病も患者発生から原因物質の確定までに二〇年近くを要しています。ムンドゥルク族の首長をはじめ、現地の関係者は「日本の水俣病」との共通点を認識し始めています。だからこそ、私たち日本人、日本メディアの取材に応えてくれたのでしょう。「日本の人々にこそ、知ってほしい」という切実な声が聞かれました。違法採掘された金は、ブラジルなどの製錬所で正規に採掘された金と混合されたのち世界に輸出され、日本に流通する金にも違法採掘された金が含まれている可能性があると国際NGOから指摘されています。決して他人事ではないのです。

ここにも「分断」が影を落としています。地球温暖化に懐疑的で、アマゾンの開発こそが国を豊かにすると考える人たちもいる。そこには大きな溝、対立があるわけです。「環境」よりも「開発」を進める動きの中で、先住民族という弱い立場の人々に歪み、不条理が現われている構図と言えるでしょう。

危機管理と正常化バイアス

違法採掘業者への直接取材について、もう少し詳しく危機管理の側面から触れておきます。取材交渉を重ねて、業者の代表からインタビューを受けると返答がありました。しかし大きなリスクがありました。いわば、違法伐採という「犯罪組織」でもあること。さらに、その数か月前にイギリス人ジャーナリストとコーディネーターが、アマゾンで、違法伐採業者と関係していると見られる男によって殺害された事件も起きていたのです。

取材に入る前、危機管理について、スタッフ間で慎重に議論しました。拉致があるのではないか、莫大な金銭を要求されるのではないか、あるいは自宅に入った途端、拘束されるのではないか、違法採掘の現場で脅迫されるのではないか、最悪のケースを想定し、どう対処すべきか、それぞれのケースに合わせて、具体的に細かな対処方針を固めました。

実際の取材時の危機管理はとても難しい。取材相手の言動や周囲の状況を細かく観察しながら、どこまで信用できるのか見極める必要があります。スタッフとは「何かおかしいと思ったら、恐怖を感じたら、必ず声を上げよう」と申し合わせました。

ただジャーナリストの性なのか、現場では、もっと取材したい、撮影したい、という欲求が強くなる傾向があります。リスクの予兆に気づいても、無意識に見て見ぬふりをしたい、という「正常化バイアス」が働いてしまう可能性もあります。取材にあたっては、事実だけでなくリスクに対しても客観的で冷静な視点が必要です。

もう一つ、違法採掘業者には、事前に、取材目的として、金採掘の実態とともに、水銀の問題についても伝えていました。ただ水銀の使用を問い正すのは、嫌がられる質問であることには間違いありません。それでもインタビューで、必ず質問しなければならない。その反発はどう出るのか、どこまで踏み込むべきなのか、注意深くインタビューを続けました。取材を進めながらもリスクとリターンを慎重に評価する必要があります。

四 「分断」深まる世界でメディアの役割は

国境に集結したハイチ人

もう一つの「世界の片隅にある不条理」として、移民難民問題についてお話します。二〇二一年、アメリカ移住を求める数万人のハイチ人がメキシコとテキサス州の国境に集まっている、これを周辺住民が問題視しているというニュースが連日報じられていました。ハイチでは、大統領が暗殺され、ギャングの支配から治安が極度に悪化しており、移住を求める人々が増加していました。今も政府機関が機能しない混乱状況だと聞いています。

以前、日本で入管・難民政策について取材し、このテーマに問題意識を持っていたので、コロナが落ち着く頃に、取材できないかと考えていました。

一つの視点として、国境に集まっているハイチの人々は、どのようにアメリカ国境までたどり着いたのか、リサーチを始めました。ハイチからブラジルやベネズエラなどに渡り、そしてコロンビアからダリエン・ギャップという険しいジャングルを歩いて抜ける。さらに中南米を北上してメキシコ、アメリカの国境に至るというルートでした。

それまでメキシコから同行して国境に向かう移民キャラバンに同行する報道は少なからずありましたが、母国からどう国境にたどり着くのか、そのルートをたどる報道は日本のメディアではほとんど目にしなかったこともあり、この取材に臨むことにしました。

コロンビアのネコクリという小さな港町から撮影を始めました。この町には、二万人を超えるハイチ人が、ダリエン・ギャップのある対岸に渡るために待機していました。ここで中長期的に取材を受けてもらえる家族を探すことにしました。予想されたことですが、了承してくれる人はなかなか見つかりません。日本のテレビ局の取材を受けても、彼らには何のメリットもありません。私たちは「取材をさせていただく」立場です。だからこそ、正攻法が大切だと考えていました。ハイチの人々をめぐる現状を日本に、世界に伝えることで国際的な支援につながる可能性がある、移民に対する政策変更の可能性もあるかもしれない。結果として、二つの家族が了承してくれました。

どのように伝えれば届くのか

ダリエン・ギャップは「死のジャングル」とも呼ばれている、一〇〇キロにも及ぶ非常に険しいジャングルです。かつて高速道路の建設計画があったのですが、あまりに険しい地形のため頓挫しています。ジャングルの中では、多数の死者が出ているほか、ギャングによる強盗や暴行、レイプなどの犯罪被害も報告されています。そうした危険を冒しても、子どもたちに、より良い暮らしと教育を与えたいという思いから、彼らはアメリカを目指します。二〇二〇年には年間一三万人、二〇二三年は年間五二万人もがジャングルを渡りました。

移民の問題は、データや集団を映し出すだけでは伝わりません。個人に光をあてた〝個の物語〟を伝えたい。固有名詞を立てて、個人の人生を描きたい。日本の人たちが、彼らの生きざまに、自分の人生を少しでも重ね合わせながら、ともにルートをたどるような目線で、移民難民問題について理解を深めてほしいと考えたのです。

取材を受けてくれた二つの家族について、ジャングルや中南米の国で一部同行し、アメリカ入国まで撮影しました。この取材をニュース特集やドキュメンタリー番組、さらに映画『ダリエン・ルート～〝死のジャングル〟に向かう子どもたち』で伝えました。映画はＴＢＳ系のプラットフォームでも配信されています。

取材中、心を強く動かされたインタビューの一節をご紹介します。ニクソンさん家族の四人姉妹、長女ジュサーラさんは一三歳。彼女はジャングルからメキシコまでの行程について、「命を落としそうになり、思い出したくないほどつらかった。最悪だった。でも経験したことの全てが人生の糧になると思っています」と話しました。まだ一三歳にもかかわらず、学校にも行けない厳しい環境の中でも、その前向きな心持ちに大変驚かされました。「将来は小児科医になりたい」。そう夢を語っていました。最終的に、彼女もニューヨークまで来ることができ、今は学校に通っていると聞いています。

ドキュメンタリーに込めたメッセージ

今年のアメリカ大統領選挙でも、移民政策が大きな争点となっています。ヨーロッパで極右的な政治勢力を伸張させる要因の一つです。移民に対して、排斥か、それとも包摂か。どちらのまなざしを向けるのか。そこにも大きな「分断」があり、世界が動いています。では日本はどうするのか。一人でも多くの人に、この課題に向き合ってほしいという思いを込めました。

映画を見た方々から、ハイチの人々を支援することはできないか、日本に来てもらいたい、などの感想をいただきました。また自分は外国人に対して差別心などない、と考えていたのが、実は「無意識の偏見」があったと気づいた、という若い女性もいました。無自覚だった意識に気づいてもらうことも、メディアの役割だと思います。

もう一つ、映画を通して、アメリカを目指すハイチ人と自分との間に、生きることそのものに共通項が見えてこないか、人種や文化が異なる人々とどう理解し合うのか、について考えるきっかけを提供できればとも思っています。私自身は、取材の過程でハイチ人の家族から、人生を切り拓く力、家族を愛する力を学ぶ思いでした。「難民に冷たい国」と言われてきた日本社会が、これから、排斥ではなく、包摂する社会を構築できるのかが、今問われていると考えています。

真実を見抜くためのメディア

最後に「分断」が深まる世界での、メディアの役割について考えてみます。二〇二〇年のアメリカ大統領選で、投票日前夜、トランプ氏の最後の演説集会を取材した際、トランプ氏は、会場のうしろに並んだ数多くの取材陣を指さして、「メディアの連中は不正直な奴らだ」と語気を強めて批判しました。すると数万人の支持者たちが一斉に振り返り、ブーイングの声を上げたのです。その瞬間、少し恐怖も覚えましたが、「メディア敵視」は、トランプ氏の常套句であり、支持を拡大する手法と言えます。

さらに情報をめぐる環境について、オバマ元大統領は、退任直前の演説で次のように警鐘を鳴らしていました。「(人々は)自分自身の殻に閉じこもって、その情報が真実か否かにかかわらず、自分の意見に適合する情報のみを受け入れることに心地よさを覚えるようになる」。まさに今、深刻化していると言えます。「フィルターバブル」や「エコーチェンバー」によって、自分が嗜好する情報だけに囲まれる中で、真実を見抜くことが難しくなっている。アメリカでは、一つの「事実」をめぐっても、一方からは嘘だ、一方からは真実だと言い合うような状況です。

さらに、「分断」は世界に拡がっています。「民主主義」対「専制主義」、「国際協調主義」対「自国第一主義」などとも言われるように、大きな分断が背景にある。その中で「事実」の見方も大きく分かれてきています。

この二極化する社会に、私たちはどう対応していけばいいのでしょうか。米ワシントン・ポスト紙のロゴの下に「Democracy dies in darkness.（民主主義は暗闇の中で死んでしまう）」と記されています。私たちメディアは、民主主義の発展に資するよう、共通の認識を持てる情報を、信頼性をもって問題提起することによって役割を果たしていかなければなりません。

世界でメディアへの信頼は年々低下し、環境は一層厳しくなっています。それでも、メディアの大きな役割は、権力を監視することであり、小さな声を拾い上げること、社会の課題に光を当てることです。ジャーナリズムは、民主主義に必要不可欠な存在であると支持してもらえるよう努めていきたいと考えています。

情報が洪水のように溢れる社会の中で、メディアは、市民の皆さんにとって、ＧＰＳか北極星か、つまり、そこに正しい事実がある、と信頼される存在になることができるのかが、今問われています。

❖講義を終えて 「テレビを観ない世代」に考えてもらえたこと

テレビを観ない。テレビを信じない――。いくつかの大学で講義をする中で、そんな若い人たちが増えていることを実感します。講義後、九〇人近い聴講者から寄せられたレビューにもありました。

「視聴者の同情をわざと狙った、半分やらせのような編集をしているだけだろうと思ってしまっていたことは間違っていたのだと考え直させられました」

こうした〝負のイメージ〟を前提に、講義では、なぜテレビ報道が必要なのか、その役割も伝えようと努めました。レビューからは学生の皆さんが、ジャーナリズムの根幹について、理解を深めてもらえたことがうかがえます。

「日本に住んでいる私たちは安全だと、世界の問題から目を背けず、地球に住む同じ人間として、辛い状況でも前向きに生きている人たちが直面する問題を、当事者意識を持って知っていこうと思いました」

視聴者が取材対象者に自分を重ね合わせ、課題に正面から向き合う機会を提供することが、報道の重要な役割の一つだと考えています。ただ、とりわけ海外を舞台としたテーマで、日本の人々に「当事者意識」を持ってもらうことは至難の業です。

「一つの部族や家族に注目することで、問題の渦中にいる人たちを自分と同じ時を生きている人間として見つめることができ、大きな衝撃と共に『私が力になりたい』と思った」

視聴者の「当事者意識」が「行動の動機」になれば、「社会を動かす」ことにもつながります。

「日本の記者が世界で起きている課題に光を当てることで、日本での注目が高まり、その後世界に広まることで社会全体が動くきっかけになるという理念に関心を抱いた」

メディアが伝える情報を契機に、社会が大きく動くことが多々あります。伝わり方次第では思わぬ方向に進みかねません。だからこそ責任が重いと、日々自らを戒めながら伝え続けています。

「記者の仕事は、弱者の声を拾い上げ、問題提起をしていくうえで非常に大きな役割を持つと考えました」

時に「マスゴミ」と揶揄される中で、こうした記者の役割に社会的な支持を得られることが必要です。学生の中には記者職に内定している人もいました。

「取材対象者にとっては直接的な利益がないという視点が授業前の自分には欠けていた。取材対象者を最大限尊重し、取材の意義を伝えることの重要性に気づかされた。（中略）綿密な取材をもとにした正確な報道で社会を変えていくことが、何の利益もない中で取材を受けてくれた人に対しての最大限の謝礼になるのではないかと思った」

傲慢と批判される記者も少なくありません。あくまで記者は取材させていただく立場であり、謙虚で誠実であることが肝要です。「社会を変えることが最大限の謝礼」。胸に留めておきたい考え方です。

「取材は多くの危険と隣り合わせだったわけだが、それでも世間に知らせるために取材を続ける、ジャーナリスト魂とも言える仕事ぶりには驚かされた」「責任感だけではやり遂げられないだろうし、やはり自分が生きる意味、信念といったものを強く持っているからこそ、やり遂げられるのだろう」

取材の過程や記者の思いを伝えることで、この仕事への理解が一層深まることに気づかされました。

「ジャーナリズムは我々が民主主義の国で生まれ生きていくにあたって不可欠な存在であると強く感じる」

フェイクも含め情報が溢れる時代だからこそ、ＰＶ数などに踊らされず、報道機関の存在意義を高めていく必要があると考えています。

6　新型コロナワクチンの副反応の報道
――まずは全てを疑って

CBCテレビ 報道局 報道部 記者
有本　整

一　新型コロナワクチンの登場

ジャーナリストに大切なこと

名古屋市など東海三県を拠点にCBCテレビで報道記者をしております。一九九二年に入社し、警察、行政、経済などを担当したのち、現在は毎日の特集VTRの監修とドキュメンタリー制作を担当しています。専門分野は主に福祉・障害者問題、環境問題です。

ジャーナリストに大事なことは、偏らないこと、不偏不党、中立だとよく言われます。ただし「完全な中立」であることには注意が必要です。というのも、どちらの立場もわかるというだけでいると、何の論評もできません。目に見えていることだけを提示して完了、となってしまいます。

私は、「この見方は正しいのか」を、毎回考えて報道してきました。そうやって事象と向き合っていくという場合がほとんどです。

報道は「全てを疑う」のが、スタートラインだと思っています。

大学では文化人類学を専攻しましたが、学びの中にはジャーナリズムにも通じることがありました。それは、文化は差がなくて、違いがあるだけ、ということです。先進国と後進国、あるいは未開地の民族と比べたときに優劣の差があるわけではなく、どう違うのかを注目して、別の文化で違っているものを理解していこうというのが文化人類学の学問でした。つまり、「みんな違って、みんな良い」ということです。これはジャーナリズムの仕事にも重なるところがあります。どの立場の人にも言い分があり、どちらが確実に間違っているっていうのはあまりありません。

パンデミックを抑え込むために

私たちが報道した新型コロナワクチンの副反応に関する問題は、石橋湛山記念早稲田ジャーナリズム大賞 公共奉仕部門 奨励賞を受賞しました。これは、ワクチン接種により、重篤な健康障害を受けた方、亡くなった方を取材し、ワクチンは本当に安全なのか、という視点で実態を報道したものです。二〇二一年二月にワクチン接種が開始となり、その年から報道を始め、二〇二三年五月にそれまでの二年間の後遺症患者への密着取材をした番組『評価不能　新型コロナワクチンの光と影』を制作し放送しました。

新型コロナワクチンは、人類史上最大規模の集団接種です。世界で一三〇～一四六億回近くワクチンが接種され、日本では約四億回接種されています。パンデミックのため特例で、世界中で緊急使用許可もしくは特例承認され使用されました。医薬品として通常の手続きを経ていません。そこで、「ワクチンは本当に安全なのか」という疑問から取材を始めました。その頃他のメディアでワクチンの安全性について取り上げているところは、ほぼありませんでした。

当時新型コロナウイルス感染症を抑え込む技術がなかったため、国はワクチン接種を強く促していました。マスコミも接種を推奨し、国はワクチンをちゃんと確保しているのか、という批判すらしていました。そのためこのワクチンは本当に安全なのか、と言いにくいムードであったのは事実です。

これはワクチン登場の経緯が関係しています。完全に新しい技術で作られた新型コロナワクチンは、メッセンジャーRNAワクチン（以下、mRNAワクチン）という画期的な薬でした。以前からmRNAワクチンの開発は進められていましたが実用化にいたらず、新型コロナウイルス感染症で初めて実用化が実現しました。

実用化が難しいと見られていたワクチン

ｍＲＮＡワクチンについてご説明します。まず、新型コロナウイルスの表面にはとげ状の突起があり、これをスパイクタンパク質と言います。スパイクタンパク質によってウイルスはヒトの細胞に入り込み感染します。

新型コロナワクチンには、スパイクタンパク質の遺伝情報ｍＲＮＡ（メッセンジャーＲＮＡ）を特殊な膜で包んだものが大量に入っています。接種すると、細胞の中でスパイクタンパク質の設計図として働き、複製させます。ヒトの細胞にとっては完全な異物のため、体内に入るとすぐに分解されると言われています。

昔から研究されてきた技術でしたが、体内で分解されるスピードが速かったのと、体が拒否反応や炎症を起こすことが懸念され、実用化が難しいと言われていました。その後簡単には体内で分解できないようにする技術が開発され、それが細胞の中まで届ける脂質の膜で包むことでした。

ｍＲＮＡワクチンの開発に貢献したとして、カタリン・カリコ氏とドリュー・ワイスマン氏が二〇二三年にノーベル賞を受賞しています。以前はがんワクチンへの転用が研究されながら、実用化されていなかったものが、新型コロナウイルス感染症が出てきてからすぐに世界中で承認されて使われたものですから、私は何かが起きるのではないかという疑いを持って注視していました。

二　重篤な健康障害と死亡事例

重い副反応

新型コロナワクチン接種後の副反応についてご説明します。体にｍＲＮＡワクチンが入ると、新型コロナウイルスのスパイクタンパク質を作り出し、それを免疫機能が異物と判断してたくさんの抗体ができます。新型コロナウイルスが侵入してきたときにはこの抗体が結合して、細胞内に侵入させないことで感染を防ぎます。

問題は、スパイクタンパク質ができた細胞は、ウイルスと同じ細胞と認識され、免疫細胞に全て殺されます。私はこれが副反応の原因ではないかと考えました。原因と考えられるものはいろいろありますが、特にそれが大丈夫なのかと疑い、取材をしようということになりました。

ワクチン接種後の身体の変化を副反応と言います。英語ではサイドエフェクト、つまり副作用という意味になります。日本ではワクチンによる影響というのは昔からあり、言葉に非常に敏感です。「副作用」と言うと薬の影響ということになります。「副反応」という言い方は、接種を受けた側、反応する側の問題であるみたいな印象を与えるので、その言葉にも問題を感じます。

二〇二一年二月にワクチン接種が始まり、副反応の事例について取材をしたところ、確実に体調が悪いと訴えている方々が一定数いることがわかりました。ワクチンを打ったところの腫れ、発熱とかではなく、長期にわたり寝たきりになった、足が動かなくなった、という方もいらっしゃることがわかり、二〇二一年八月から報道を始めました。

失われた日常生活

取材した方々の症状をお話しします。

関西地方に住む小学六年生、一二歳の女の子が、二〇二一年九月に一回目の新型コロナワクチン接種後に長期の体調不良が続いていました。接種後二三日後に発熱、胸やけが始まり、食欲がなくなっていきました。二八日後に舌が真っ白になるカンジタ症になり、真っ赤な発疹が出たり、体の異変は続きました。倦怠感があり、数か月たっても学校にはほぼ行けていませんでした。

関西の高校の教師である五〇代の女性は二〇二一年九月の新型コロナワクチン接種後、五か月以上ほぼ寝たきりになりました。めまいや頭痛があり、一か月検査入院をしましたが異常なしでした。自宅では下半身が全く動かず、家事ができず、「死んだ方がいいと思った」と取材で話しました。この女性は兵庫県のクリニックでワクチン接種による全身の機能低下という診断が出ました。

名古屋に住む四〇代男性は二〇二一年八月に新型コロナワクチンを接種後、三週間ほど経ったとき、突然四〇度近い高熱が出て、髄膜炎や肺炎を併発し、意識不明になりました。医師の診断は「急性散在性脳脊髄炎」でした。自分の免疫で脊髄などの神経細胞が傷つけられ、手足が動かなくなり、目が見えにくくなったりする自己免疫疾患です。インフルエンザやB型肝炎のワクチンが引き起こす重い副反応としても知られています。新型コロナワクチンの説明書にも「留意すべき症状」と書いてありました。

医師の診断書には「接種により引き起こされた」とワクチンの後遺症であることが指摘されています。医療費はほぼ自己負担でした。

接種後に死亡

岐阜県内で営業マンとして働いていた二八歳の男性は、二〇二一年一一月に二回目の新型コロナワクチン接種をした五日後に、妻と生後半年の息子を残し亡くなりました。直近の健康診断では全て異常なしでしたが、ワクチン接種後、発熱、食欲がなくなり、倦怠感を訴えました。接種から五日後、お昼頃、妻が帰宅して声をかけたら体が冷たくなっていて、寝たままの状態で亡くなっていました。男性の死因は心臓が弱まり血液を全身に送ることができなくなる急性うっ血性心不全でした。解剖結果でワクチンとの関連性が指摘されていましたが、厚労省が因果関係不明「評価不能」との結論を出しました。

中学一年生の少年は、二〇二一年一〇月に新型コロナワクチンの二回目接種を受け、その日の入浴でいつもより入っている時間が長いと思った母親が浴室に見に行ったところ、少年は浴槽に沈んでいました。救急搬送されましたが、一時間後に死亡が確認されました。それまで学校の身体検査では問題はありませんでした。原因がはっきりしない死亡の場合につくられる「死体検案書」が書かれ、直接の死因は溺死で、ワクチン接種を行ったあとだと追加記載されました。医師によると溺れて心臓が止まったわけではなく、心臓が何かしらの原因で動きが悪くなって溺死に至ったという説明でした。

病院は、少年の死が新型コロナワクチンの副反応と関係あるのではないかという報告書を国に提出しましたが、厚生労働省が出した結論は、これらの症状とワクチンとの因果関係はわからない「評価不能」というものでした。

私たちのもとに副反応の情報が寄せられ、事例が増えているのに因果関係がないとは言えないのではないかと思うようになりました。調査で一番注意したのは、偶然病気になったり、亡くなったというケースもあるだろうということです。医師の一般的な意見と、亡くなった方を診断した医師を訪ね、新型コロナワクチンの因果関係があるのかを何度も確認をし、国の見解も確認して報じました。

三　副反応の報道の裏側

中立の姿勢を示す

報道を始めた二〇二一年は新型コロナウイルス感染症が蔓延しており、社会が新型コロナワクチンに頼っている時期でした。そのようなときに並行して報じるのは、報道機関としてよいのか、という意見が社内で出たりしました。

亡くなった方や重篤な症状が残っている方は、新型コロナワクチン接種直後や数日後にそうなっているため、因果関係があると考えていいだろうということを医師と話し合い、報道を続けました。この頃、すでに述べ一億回ぐらい新型コロナワクチン接種が実施されていましたので割合においては少ないです。ただし、一人ひとりにとっては確率というのは関係ありません。全てが、「一分の一」です。一つひとつの声に耳を傾け、報道すべきかというのを慎重に判断しています。

報道では「ワクチン反対」の印象を与えないように一番注意しました。私たちは決して「ワクチン反対」ではありません。ワクチンが大量に摂取されている中で副反応で苦しむ人がいる以上、研究して原因を究明して治療法を作っていくべきではないかと、国と医療機関に対して言っていたわけです。

私たちと同じ取材をしているほかのテレビ局や全国紙の記者の方がいました。しかし、ほぼ報道はされていません。ワクチン接種は国策であり、まだ因果関係が確定していないという理由で報道を見送ったと聞いています。

感染を抑え込むために新型コロナワクチンの効果を重視するのか、ごく少数でも副反応に苦しむ人がいることに目を向けてワクチンのあり方を問うのか、どちらの立場に立つかで、報道は変わります。私たちの場合は、基本中立で、医者が提示している事実と、訴えている人たちの声を出し、先入観をつけないように報道しました。

また、ワクチンは毒ではないか、という印象を与えてしまうだけだと、報道では不十分になります。報道するとき、最初に仮説を立てる必要があります。特にワクチンについては社会への影響が大きいのでしっかり調査し、事実を伝えます。

これは、ワクチンのことだけではなく、政治でもスポーツでもあてはまります。仮説を立て、それを検証していくことは、ただ事実を掘っていくだけとは異なります。だから仮説を立てて、それを検証するということが、ジャーナリズムなのだと思います。

ワクチンの報道は、CBCテレビの公式YouTubeチャンネルに載せています。副反応の取材をしてきた大石邦彦アナウンサーによる、新型コロナワクチンに起因する死亡事例や重篤な副反応事例の解説動画や、アーカイブ動画です。こうした動画を報道のツールとして活用しています。ウェブに載せることで、皆さんに見ていただくことができ、新たな情報がさらに集まってくることにもなりました。

ワクチンの有効性のデータ修正

私たちが副反応の報道をしていたとき、国は一顧だにせず新型コロナワクチンは問題ないという立場で、追加接種を続けていました。そんな中で国のデータ修正問題が判明しました。それは、ワクチン未接種で感染した人を多めに公表していたのです。二〇二二年五月のことです。

厚生労働省は当時新型コロナウイルスの新規感染者数を集計していて、感染者に新型コロナワクチン接種の有無を全て調べていました。なぜかと言うと、ワクチンの有効性がわかるからです。まず、新型コロナの感染者は、問診票に新型コロナワクチン接種の有無とその時期（接種の日付）を記入することになっています。しかしこれを忙しくてきちんと記入しない医師が少なからずいました。厚生労働省における集計作業で、接種済で日付が未記入のものについては、「未接種」の扱いにしていました。この疑惑があるということで報じましたが、当時の官房長官は会見で、「接種済みであれば日付がわからなくても未接種には入れていない」と疑惑について否定しました。

ところが、厚生労働省の担当部署に取材したところ、日付がわからなければ「接種済」でも「未接種扱い」にしていたことを改めて認めました。結局国は、データを修正していたことを認めて陳謝することになりました。

このあと、当時の厚生労働省の加藤勝信大臣が新型コロナワクチンの副反応について、実態の調査と治療法の研究をすると私たちの取材に答えました。このようにワクチンには何も問題ないとしていた国の姿勢は少しずつ変わっているのです。

自治体による独自支援の開始

一連の報道による影響については、まず二〇二二年三月二五日に名古屋市が独自で副反応問題の相談窓口を作ります。二〇二二年四月六日に愛知県が独自に副反応の見舞金を支給する制度をつくりました。定期接種によって体調不良になったという届出をし、それで認定されないと医療費が保償されません。後遺症は長期にわたる医療が多く、結構お金がかかります。その一部を届け出た段階で、国の認定結果がどうあれ、見舞金を支給するというものでした。

四　ワクチンに頼り続ける日本

ワクチン接種大国、日本

二〇二三年五月八日に新型コロナウイルス感染症は「五類」扱いになり、新型コロナワクチンは定期接種の扱いではなくなりました。二〇二四年四月からは無料接種ではなくなり、自費で接種することになっています。高齢者については二〇二四年秋以降にまた定期接種で無料の接種になります。まだワクチン接種を継続しようというのが国の政策ということです。決してワクチンは悪いものじゃないという、そういう姿勢が見えてきます。

新型コロナワクチンの接種状況について、世界でどうなっているのでしょうか。二〇二一年から接種が始まり、二〇二二年八月ぐらいに接種回数は世界中横ばいで推移しています。なぜか日本だけ増え続けて、世界一のワクチン接種大国になっています。しかし新型コロナウイルスはなくなっておらず、特効薬ができたわけでもなく、ウイルスが消滅したわけでもありません。今でも感染は続いています。

パンデミックに対する政策とは

新たなパンデミックへの政府行動計画について、国がパブリックコメントを募集しました。パブリックコメントとは、国などが新たな計画や法令を作る際に、一般から意見を募集するもので、インターネット上で募集されます。寄せられた意見が考慮され法令に反映されたかどうか、結果はインターネットで公開されます。この意見募集を行うことで国会での審議はなく、閣議決定で決まります。

この政府行動計画には、新型インフルエンザ等の新しいパンデミックが起きたとき、どう対応するのか方針で、その中で重視されていたのが、偽情報とか誤情報に対する対応に力を入れるというものです。政策や治療薬についての誤った情報が流れていないか、SNSの業者とも連携し、対策していくことを打ち出していました。このほかにも、ワクチンを新しく平時から開発して臨むことが書かれています。

パブリックコメントは、一〇〜一〇〇件くらいの意見が寄せられるものがほとんどですが、新型コロナウイルス、新型インフルエンザ等のそのパンデミックに対するパブリックコメントには一九万件以上の意見が寄せられていました。パンデミックに対する国の姿勢、どういう政策を取っていくのかについて、かなり関心が高まっていることがわかります。

ワクチン問題を取り上げるメディアが増加

ワクチンを巡っては、国への損害賠償請求訴訟が二〇二四年四月に起こされています。新型コロナワクチン接種後の死亡者遺族八人と健康被害者五人の合計一三人が、国に慰謝料や損害賠償を請求しました。国がワクチン接種を強力に推し進め、接種後の重篤な後遺障害や死亡例を事実上広報せず被害を拡げたことに対する賠償やこれが薬害であることを認めるよう訴えています。一連の報道では当初、顔にモザイクがかかっていましたが、今では顔を出して訴える人が増えています。ワクチン問題が一般的になってきたということで、実際にこの問題を取り上げるメディアが増えています。

ワクチン接種後の健康被害に関する論文が世界で三〇〇〇本以上発表されています。症状は免疫、血液、神経など全身に現れています。一つのワクチンで出る論文数として最多です。国内でも四〇〇本以上の医学論文が発表されています。

今後どうなっていくかと言うと、秋から定期接種が始まり、インフルエンザワクチンなどほかのワクチンにも、ｍＲＮＡの技術を転用しようということが進んでいます。東北にはｍＲＮＡワクチン専門の大規模な工場がすでにできており、日本がこの分野を新しい産業にしていこうと考えていることは、確実です。今後もかなり注意してこの問題を見ていかなくてはいけないと考えています。

今は病名すら存在しないので、ワクチン後遺症の治療してもらおうにも病院は受け付けません。「ワクチン後遺症」という病気はありませんと言われ、門前払いされる方がいます。ほとんどの人が全然違う病気として治療を受ける、うつ病のようなものとして治療を受けている方もいます。障害者手帳を持つことになった方もいます。

今、副反応に苦しんでいる人たちに一定の因子が体の中に存在しているのではないかというのを調べている医者のグループがあります。それは接種したことで、ある部分が変質して抗体ができ、その抗体の有無を調べることで、ワクチンの副反応になるのか、長期的に起きている症状の原因なのかということを研究しています。その解明が進むと、また全然違う状況になるかもしれません。治療方法が生まれるかもしれませんし、もっと早くワクチン副反応と認定されることになるでしょう。

小さい声をひろう

もう一つ、長年顧みずに放置されていたある問題についてお話しておきます。

それは建設や開発で出る大量の土「建設残土」についてです。日本では長年建設残土は単なる土扱いで、処分には法規制がありませんでした。ところが、関西・関東の都市部から大量の建設残土が船で三重県の港に運ばれ、陸揚げされ、ダンプに積み込まれて山中に持ち込まれていました。二〇二一年に熱海で建設残土が土砂崩れを起こして大きな災害が発生したことがありました。この現場も違法に建設残土の盛り土が行われていたところでした。

この報道後、国土交通省が実態調査を実施することを決め、持ち込み禁止の条例ができました。このように黙っていると、何もわからないまま、いろいろ問題が世の中で起きています。そこにどのように光を当てていくのかは、常に周りに関心を持って、これは本当に正しいのかということを、とにかく疑ってかかるということしかないと思います。

疑うときも、自分の見方が本当に正しいのか、自分をも疑い続ける姿勢が必要です。すぐに「これは正しい」ということでそれに邁進して行くだけでは不十分です。違った側面から見ると、本当に正しかったのかという疑問が湧き上がってきます。自分がどこに立って見るのかというのを考えるためにも、全てを疑い続ける。

多数派や、強い立場の側が維持したい体制そのものを問うこと。小さな声の、弱い立場の者が、そのままにして置かれるということがないようにしていこう、というのが、私自身の立場であり、いつもそれを考えながらこの仕事をしています。埋もれている事象で、「いろいろあるけれど別に、今のままでいいんじゃないか」というのが、世の中のほとんどの見方だと思います。そこにあえてほじくり返して「何かないか」ということを探していくのも、ジャーナリズムの醍醐味です。

声なき声、あまり関心を持たれてない影の部分に、いろんなことが隠されているということを皆さんにも考えていただけたらと思います。

❖講義を終えて「全てを疑う」ことの大切さ

この世界で三〇年余り仕事を続けてきた中、同業者以外にこの仕事について話をするのは初めてでしたが、皆さん普段から学んでいらっしゃるだけあって次々に質問や自分の考えを述べていただき、お互いに考えを深められたと感じています。全てを疑ってかかること、真実は一つではなく見る方向によって違う、という考え方に反響があったことは何より伝えたかった事だけに嬉しく思っております。

目の前で起きていることを予断なくそのまま伝えることが中立である報道のあるべき姿、という考え方もありますが、やはり論評なくして報道の仕事は成り立たないというのが私のスタンスです。誤解を恐れず言えば、先入観を持って仮説を立て、その検証を取材によって繰り返すことこそ報道であり、それを追究する過程でも、対象や自らを疑い続けることが最も大切であるというのは、思考錯誤では当たり前の過程です。

新型コロナワクチンの問題もそうで、「世界中で打っているから」、「厚生労働省が安全と言っているから」、「国民の八割が打っているから」安全だというとらえ方もできれば、接種後少ない人数（と言っても報告分だけで三万人以上、死者二〇〇〇人余）とはいえさまざまな副作用が出ているから危険性があるのではというとらえ方も成り立ちます。国家にとっての真実とは、全体として見たときにリスクをどれだけ回避できるかのため、ワクチン推進政策しかなかったのであろうと考えられますが、一人ひとりの真実はそうではなく、打って体調がおかしくなればその人にとって危険性は一〇〇％であり、国全体の視点で考えることなどできようはずもありません。だからこそ自分にとっての「真実」は何で、どの視座に立つかを決めたうえで、疑いながら検証していく事こそ求められる態度だと考えているのです。

ワクチンで言えば、接種推奨が再開され、二〇二五年三月までに打たないと有料になると喧伝されているHPV（子宮頸がん）ワクチンもいまだ議論の最中です。副作用で体調不良が続く人は「個人のせい」なのか、これにも注目しています。「マス」であるから視点も「マス」であるべきではなく、「ミニマム」もしくは「ミクロ」の視点こそこれからのジャーナリズムには求められていくのです。

そしてそれはもちろんマスコミ、ジャーナリズムだけでなく、一人ひとりの生き方にも求められることは言うまでもありません。疑ってかかる、斜めから見る、斜に構えるという態度はあまりポジティブにとらえられない傾向がありますが、この世で起きる大きな事象のほとんどがこうしたことの欠如で起きているような気がします。コロナ禍など何か異変が起きた際の買占め騒動、戦争が終わる兆しすらない中でのオリンピックの盛り上がり、さらに八〇年余り昔国民全体が戦争を支持した過去等、全員が一方向を向くことの危うさが人間社会には常について回ります。

事象に対し時には斜に構え、疑いを提示しながら、盛り上がりにさりげなく水をかけて冷やしていく。それこそがジャーナリズムの役割ではないか。改めてそんな思いを強くしております。

討論　性加害の報道を問う

シンポジウム
陸上自衛隊性加害事件の取材を通して、私が見たこと・感じたこと

コーディネーター
瀬川至朗

「石橋湛山記念 早稲田ジャーナリズム大賞」記念講座シンポジウム2024『陸上自衛隊性加害事件の取材を通して、私が見たこと・感じたこと』を始めさせていただきます。

テーマに、近年注目される性加害の問題を取り上げました。二〇二三年一二月、陸上自衛隊の隊員だった五ノ井里奈さんへの強制わいせつの罪に問われた三人の元自衛官に有罪が確定しました。本シンポジウムでは、この問題を週刊誌記者として早い段階からネットで詳細を継続的に報道されてきたジャーナリスト・ノンフィクション作家の岩下明日香さんに講師にお越しいただいています。岩下さんは、AERAのネット版でかなり早い段階に詳細を報じて、それがこの問題が社会問題化

するきっかけを作りました。その後も継続的に取材をして、現在は、スローニュースの編集部におられますけども、そこに移ってからも、現在に至るまで継続的な取材をされています。その取材の中から見えてきた陸上自衛隊の問題、日本社会の課題などについてもお話いただき、新聞、テレビなどのマスメディアの報道のあり方についても考えていければと思っています。

陸上自衛隊の性加害事件と日本社会

スローニュース株式会社 編集／ノンフィクション作家
岩下　明日香

一　性被害の告発

被害者がネットで告発

二〇二三年一二月、陸上自衛隊の隊員だった五ノ井里奈さんに対する強制わいせつ罪に問われた三人の元自衛官の有罪が確定しました。この経緯についてお話をします。

五ノ井さんは、二〇二〇年に陸上自衛隊に入隊し、教育訓練を経て福島・郡山駐屯地に配属されます。赴任してすぐに男性隊員から身体を触られる・抱きつかれるなどの身体接触を受けていました。当初は、そういうものかと「マヒしかけていた」ようです。しかし二〇二一年六月、山中での訓練中に、複数の男性隊員がいるテント内で胸を触られるなどエスカレートしていきます。目撃者から報告を受けた中隊長が事情を聞いたものの、加害者から「セクハラじゃなくて、コミュニケーションの一部だもんな」と声をかけられ、五ノ井さんは組織に居づらくなるのを避けるため、中隊長に「何もありません」と答えていました。

そして同八月、訓練のために滞在していた北海道の演習場で、酔った男性隊員三名から格闘の技で押し倒され、何度も腰を押し付けられる事件に発展します。訓練を続けることができなくなった五ノ井さんは、すぐに自衛隊の一課（総務）などに相談し、被害届を提出しました。しかし、自衛隊の警察組織である警務隊の捜査が始まっても、現場を見ていたはずの男性隊員十数名は「見ていない」と口をそろえます。捜査はそのまま終了し、被疑者三名は不起訴処分になりました。

五ノ井さんは休職を経て退職し、二〇二二年六月二九日にYouTubeチャンネル「街録ch」などのインタビューを受け、自衛隊内部で受けた被害を告発。特筆すべきが発端はYouTubeだったということです。その前にテレビ局に取材してほしいというメッセージを送っていたようですが、返信はなかったようです。「週刊誌には送らなかったんですか？」と尋ねたら、「週刊誌ってなんですか？」と返ってきたことがあります。もちろん、ネットニュースは目にしていましたが、その多くが週刊誌から発信されているということをまだ知らない時期でした。

スピード重視で取材を実施

五ノ井さんに直接会って取材した女性記者は私が最初でした。

記事にするにあたり、被害当事者の証言以外に集めたものは次の通りです。

・不起訴通知書
・検察審査会に提出した申立書
・不起訴になった理由を検察官に電話で問い合わせたときの音声記録
・自衛隊時代の身分証や写真
・識者（弁護士）の見解
・同時期に中隊にいた女性の先輩隊員（退職済み）の証言
・被害を受けた直後に相談・報告をした人とのやり取り（LINE画面）など

LINEのやり取りから、男性隊員による不適切な身体接触が常習的に行われていたことが読みとれました。六月の事件が起こった最中、五ノ井さんは助けを求めるメッセージを送っていましたが、受け取った女性の先輩隊員は助けに行くことができませんでした。その理由を取材で尋ねると、女性はその前日にも同じ男性隊員たちから接待を強要されており、助けに行きたい気持ちはあっても、止めに入ったらまた自分がターゲットにされるため、「怖くて助けられなかった」と明かしました。

プライバシー性が高い記事の配信

記事を出す直前、自衛隊側に五ノ井さんに対する性加害を問い合せたのですが、郡山駐屯地からは「事実を調査中のため予断をもって回答することは差し控えたい」という型通りの返答があっただけでした。そこで、岩手駐屯地の一課（総務）にも問い合わせたところ、「その件は一課長が対応したが、今は不在」という回答がありました。自衛隊内部でも五ノ井さんから被害相談があったこと自体は認めているということです。

今回のケースは、五ノ井さんに掲載内容を事前に見せて最終確認をとってから配信に進んでいます。性被害は、センシティブかつプライバシー性が非常に高いです。掲載後に記事は残り、その後の人生に影響が出る可能性があります。どこまで詳細に触れて掲載するか、配慮に欠けた表現になっていないか、事実関係に誤りはないかなど、綿密なコミュニケーションを通じて当事者の意思を確認することは、性犯罪の取材においては大切なプロセスだと思っています。

記事は二〇二二年七月一四日、前半と後半に分けて配信され、後半はYahoo!ニュースのトピック入りをしました。読まれた感触として、一〇〇万ＰＶや三〇〇万ＰＶいけばいい方ですが、五ノ井さんの記事は後半の記事だけで一二〇〇万ＰＶ（サイト内）を超える反響がありました。記事は国会議員の目にも届き、五ノ井さんがヒアリングに呼ばれるなど、そこから徐々に事態は動き出します。

氷山の一角だった自衛隊内での性被害

二〇二二年七月二七日、五ノ井さんは初の記者会見を開きます。第三者による公正な再調査を求めるオンライン署名を呼びかけましたが、会見に集まったのは私を含めＮＨＫと朝日新聞の女性記者三人だけ。当初マスコミの注目度はそれほど高くありませんでした。

しかし、五ノ井さんがＳＮＳで経過を投稿し続けると、女性自衛官を名乗る人をはじめ、たくさんの人がコメントを寄せたり、五ノ井さんのもとにＤＭが届いたりするようになっていました。編集部にも元自衛官からメッセージが届きました。その中から、現役を含め、主に元自衛官の女性数名から話を聞くことができました。身体を触られた、宴会での接待要員として扱われた、男性隊員からストーカー行為を受けたといった経験を、匿名を条件に活字にしました。海上自衛隊の女性隊員からは、海上では被害にあっても逃げ場がなく、海に飛び込むしかないという切実な声もありました。

二　刑事裁判へ

自衛隊がハラスメント調査を実施

八月末、五ノ井さんは防衛省に第三者による公正な再調査を求める署名約一〇万五〇〇〇名分を提出します。この日、やっとNHKと民放が報じました。署名と同時に自衛隊経験者に対するアンケートも実施し、一四六人の回答を得たのですが、その中には五ノ井さんに対する殺害予告も含まれていました。当時、ネット上には、自衛隊を陥れたいだけだろうとか、男の世界に入ってくるな、その程度で自衛官が務まるかなど、さまざまな心無い言葉もありました。

署名を受け、九月に特別防衛監察が発出され、全隊員を対象にしたハラスメント調査と、第三者ではないものの、五ノ井さんが受けた被害に関する捜査が改めて自衛隊内で再開します。同時期、検察審査会で「不起訴不当」の議決が出て、「不起訴」とされた当初の捜査を検察がやり直すことも決まりました。

謝罪会見でやっと大々的に報じられる

検察と自衛隊がそれぞれ同時期に再捜査を開始することになったわけです。もし自衛隊が後手に回れば、検察が先に結果を出し、自衛隊の自浄作用が問われることになります。ですから、自衛隊は本腰を入れて捜査をしていたと思います。

そして九月二九日、陸幕トップと防衛相が五ノ井さんの被害を認めて謝罪します。五ノ井さんの被害申告から約一年、組織がやっと認めました。この日の謝罪会見を境に大手マスコミ各社が大きく報じるようになります。

一〇月一七日、五ノ井さんは加害者から対面での謝罪を受けています。自衛隊側から対面で謝罪をしたいという申し出があり、五ノ井さんとしては誠意ある謝罪なら受け入れたいということで実現したものです。この時、謝罪文まで手渡していましたが、加害者たちはその後の裁判で、自衛隊側から指導されて謝罪したのであって、性的な行為をしたと認めたということではないと主張します。

一二月には自衛隊からこの事件に関係した隊員の処分が発表されました。五ノ井さんに性的な身体接触をした三曹三名と二曹一名、格闘の技をかけるよう指示した一曹一名の計五名が懲戒免職、五ノ井さんから被害報告を受けた際に調査と報告を怠った中隊長は職務怠慢で停職六か月、大隊長は指揮監督義務違反があったとして注意のみ、ほかに一名の隊員が五ノ井さんら女性隊員に服を全部脱ぐことを促すような発言があったとして訓戒となりました。同時に、五ノ井さんの被害は公務に起因するものとして公務災害に認定され、「依願退職」とされていたのが、一等陸士から陸士長に昇任したうえで退職したという扱いに変わりました。

刑事裁判で語る目撃者たち

その後、加害者との示談交渉が始まりましたが、しばらくすると加害者側の代理人から回答が途切れるようになります。そこで、二〇二三年一月、五ノ井さんは国と懲戒免職を受けた元自衛隊員五名に対し損害賠償請求（民事）を起こします。

そして三月、五名のうち強制わいせつに問われていた三名が、検察の再捜査を経て、在宅起訴されます。刑事裁判は二〇二三年の六月から一二月にかけて行われ、当初伏せられていた三人の名前は、裁判が進むにつれて渋谷修太郎、関根亮斗、木目沢佑輔という実名で報道されるようになりました。

裁判では、事件当時現場に居合わせた十数人の隊員のうち四人が法廷に立ちました。事件直後に受けた警務隊の聞き取りでは、現場を「見ていない」としていましたが、刑事裁判の法廷では一転して現場の様子を語り出します。

まず一人目の目撃者、上司にあたる元二曹（懲戒免職）は、渋谷被告が性行為を思わせるような動きをしている様子を見て、「やりすぎだ」と言って笑っていたと言います。「やりすぎだ」と発した理由として、最初は格闘の技をかけるだけだと思っていたら、一線を越えるような体勢が目に入ったからだと説明していました。五ノ井さんが酷い誹謗中傷に一生懸命に耐えている姿を見て罪悪感を覚えた元上司は、最初から正直に証言しなかったことへの後悔から話すことにしたと言います。

二人目の男性隊員は、中隊の雰囲気がキャバクラみたいになっていたとし、「エスカレートしていくような危機感を感じたため、目を逸らした」と証言しました。この隊員はのちに別の駐屯地に異動したことで、郡山駐屯地の異常性や、ことの重大さを客観的に認識できるようになり、「自分にもまだ言えることがあるんじゃないかと思い、話すことにした」と言います。

三人目の男性隊員は、当初警務隊の取り調べで「見ていなかった」と供述した理由について、「当時は全然意識もしておらず、関心もなかったので、巻き込まれたくないという思いから、そう答えた」と淡々と語っていました。

四人目の男性隊員は、被告らとの間に衝立を置く遮へい措置をとり、接触していた様子を「見た」とはっきりと答え、「男性社会の中で男同士のノリ的なトークがあり、その中で女性を傷つけているということに対して自分たちは疎かった。マヒしていた部分もあって、今では後悔している」と語っていました。

自衛隊に限ったことではありませんが、他人の尊厳を傷つける性的な行為を「ノリ」という軽さで問題から目を逸らし、次第に「ノリ」がエスカレートして相手を傷つける行為に発展してしまったら、それはコミュニケーションではなく「暴力」です。

三被告の言い分

三人の被告の法廷での主張を整理します。

まず渋谷被告は、五ノ井さんに技をかけただけでは場がしらけていたので、「腰を振って笑いを取ろうとした」と言います。五ノ井さんの脚を持ち上げた自分の行動については、「その場の思い付き」で「自然に持ち上げてしまった」とし、性的な意味はないということを一貫して主張しました。五ノ井さんと対面して謝罪した際に渡した謝罪文は、一度書いた文章を自衛隊側が添削してそれを元に書き直したもので、自分の意志ではなく自衛隊から指導を受けて行ったとも話していました。彼には性的な行為をしたという認識はなく、謝罪は不快な思いをさせたことに対して行ったと言い、容疑を否認。ただ、解決金で示談に持ち込もうとしていたことは認めていました。

関根被告に関しては、技をかけたこと自体は認めましたが、わいせつな行為はしていないと否認。五ノ井さんの両手を上にあげ、押さえつけて覆いかぶさったが、それはあくまでも柔道技であって性的な意味はないという主張でした。そういう彼は柔道未経験者。オリンピックの映像などを見てこんな感じだろうと思ってやったとのことです。

しかし彼の元上司は、関根被告も渋谷被告と同様の行為をしていたのを見たと先に証言していました。この上司の証言に対して、彼は「憶測だが」と断ったうえで、当時その元上司は五ノ井さん以外の女性との間に問題を抱えており、自分はその被害女性の相談に乗っていたから元上司から恨みを買ってしまったと反論していました。彼もまた、自衛隊側から促されたため謝罪に行ったが、それは性的な行為を認めたからではなく、あくまでも技をかけたことを謝るためであったと述べていました。

木目沢被告も同様に、技をかけたことは認めたものの、性的な行為は行っていないと否認します。彼は、泥酔した上司から技をかけるよう執拗に促され、何度も断っていたようです。最終的には技をかけ、覆いかぶさるようになったが、身体には触れておらず、それ以前も含めて五ノ井さんに「一度も触ったことがない」とはっきり主張していした。

そこで検察が彼の矛盾を指摘します。「上官の命令は絶対なのに、なぜ何度も断ったのか」と。木目沢被告は、「五ノ井さんはクレーマーだと聞いていたから気をつけていた」とし、触れないようにしていたと言うのです。しかし、彼は事件の二か月前、「服越しに五ノ井さんのスポーツブラを触ったことはある」と口を開きます。それについて検察から問われると、スポーツブラは身体ではないから触ってもいいという認識のもと、「身体には触れていない」と言い張っていました。法廷にどよめきが起きた瞬間でもあります。

事件と直接関係があるわけではありませんが、検察側は、渋谷被告がほかの女性隊員に抱きついている動画や、関根被告が隊の宴会で全裸になって性的な体位をとって笑いを取る様子が写った動画などについても法廷で触れていました。日常的にそのような雰囲気が隊内にあったことを示唆していました。

二〇二三年一二月、三人に強制わいせつ罪で懲役二年執行猶予四年という判決が下り、三人は控訴せず、有罪が確定します。裁判官は、「周囲に多数の同僚がいる中で、被害者の人格を無視し、宴会を盛り上げる単なる物として扱うに等しいもので、性的羞恥心を著しく害する卑劣で悪質」と指摘し、「技をかけるようにとの上司の軽はずみな発言がきっかけだったとしても、その後にわいせつな行為に及んだことはそれぞれの被告の判断に基づくもので、性的意図の程度に関わらず動機や経緯に酌むべき点もない」としました。

三　取材を継続すること

一過性のスキャンダルにさせない

性的な要素が絡む事件は、一過性のスキャンダルにされ、時間の経過とともにうやむやにされることがあります。一時的に話題になっただけでは「解決」しませんから、スキャンダルとして消費されたくはありませんでした。世間に公にしたことで、誹謗中傷に打ちのめされ、心身をすり減らしていく五ノ井さんの姿を間近で見ていたからです。何と声をかけたらいいのかと、自分自身の無力さを痛感し、記者としてどこまで寄り添うべきかという葛藤もありました。一番つらいのは当事者の方ですから、私は人として自分にできることは何か、記者として何をすべきかを自らに問いかけながら、過去のケースを調べるなどして最善を探りました。

一過性のスキャンダルにさせたくないという思いはあっても、物理的な障壁にはぶち当たってきました。五ノ井さんの続報を打とうとすると、当時の編集長から「うちは自衛隊糾弾キャンペーンをする媒体じゃない」と編集者を通じて言われたりしました。それでも続報の機会をうかがって提案を続けて記事にしてきました。当時の編集部とは二〇二二年で業務委託契約を満了し、二〇二三年から調査報道やノンフィクションを扱うウェブメディア「スローニュース」で、刑事裁判の決着がつくまで取材を続けさせてもらうことができました。

二〇二三年五月に出版した、五ノ井さんの著書『声をあげて』（小学館）では構成者としてお手伝いをすることもできました。タイトルには「（わたしが）声をあげて」と「（あなたも）声をあげて」という二通りの意味が込められています。

五ノ井さんは声をあげるまで、ツイッター（現X）を使っていなかったのですが、活動をきっかけに開設し、あっという間にフォロワーを増やしていました。関心を持ってくれる人が集まり、ダイレクトに情報が届けられるようなシステムが構築されていました。メディアに切り取られた言葉ではなく、自分の思いをちゃんと発信する場となっていました。メディアに形作られた被害者像という固定観念を打ち砕いていたと思います。ただ本人は、世間から強い人間だと思われいることに対して、本当は弱い人間なんだと、書籍で心の内を明かしています。

記者としての意識

もう一つ、この取材を続けていくと決めた瞬間があります。最初の記事が出た一か月後、五ノ井さんから手紙をもらったときです。「わたしが万が一、亡くなったときでも書いて下さい」とありました。被害者が被った傷の深さを改めて認識しました。記事を出した責任もありますが、何よりも被害者を死に追いやってはならないと思い、当事者と併走するような二人三脚報道をしてきました。

ただ、記者としては、直接取材をしている被害者側の立場だけに立っていては中立的かつ客観的な報道にならないというリスクもあります。加害者側の言い分にも耳を傾けていかねばなりません。木目沢被告が公判で口にした「クレーマー」という言葉やそのくだりなど、裁判で繰り広げられる被告らの主張について、五ノ井さんから記事にしないでほしいと言われたことがあります。彼女にしてみれば自分のことをクレーマーだと言っている人がいて、そのことを報道されるというのは嫌だったと思います。ほかにも、被告から五ノ井さんが嘘をついているかのような発言があった際、それが新聞などで見出しにされたこともありました。五ノ井さんはこうした報道にかなりショックを受け、メディアに対する不信も募っていたと思います。しかし一般社会の中でも、女性が主張をしたりすると、「クレーマー」とか「ヒステリック」などというレッテルを貼ることは少なくありません。これは典型的な女性蔑視で、それを象徴するような発言を法廷で被告がしたので、記憶として残すという考えのもと、記事にしています。

四　性暴力と日本の社会

自衛隊の問題

五ノ井さんが署名を提出したのをきっかけに、特別防衛監察で全自衛隊員を対象にしたハラスメント調査が行われました。被害申告は当初一四一四件、最終的には少し減って一三二五件とされ、そのうち二〇七件で処分があったと報告されています。このような結果が出たにもかかわらず、最新の令和五年度の『防衛白書』には、「ハラスメントを一切許容しない組織環境の構築」とあるだけです。組織風土改善への大きなきっかけを作った「五ノ井里奈」の名前はありません。あれだけ心身をすり減らして告発を行った彼女のハラスメント撲滅に向けての功績は記録されていないのです。もうすでになかったことにでもしたいかのように。

一般社会では犯罪と見なされるような行為を、加害者らは笑いを取るためにやったとか、スポブラは身体ではないから触ってもいいなどと法廷で主張していたように、一般社会ではアウトなことでもセーフになるような空気が自衛隊にはあったと、五ノ井さんは言っていました。推測にはなりますが、閉鎖的な集団社会にいる中で、そういった行為が許されてきたからこそ、彼らは無意識にそういう行動をとってしまったのかもしれません。

閉鎖的という意味で、自衛隊は家族意識が強い組織です。家族内で起きた問題だから家族内で解決しようという流れになりやすく、そこに甘えが生じてしまうようです。話を聞いた元隊員は、上官から部隊のためにこの程度のことは許してやってくれないかと説得され、自分さえ我慢すれば丸く収まるという状況に追い込まれて、泣き寝入りをせざるを得ないと言っていました。

そして、自衛隊内部の階級や人間関係に起因する問題もあります。自らの昇任に影響しないよう報告を上げずに部隊内だけで解決しようとする、上官からハラスメントを受けても報復を恐れて上へ報告できない、報告を上げても加害者とその上官が仲良しで被害者が申告しにくいということがあるようです。

自衛隊では自衛官同士の結婚が少なくありません。取材した女性（元）自衛官の中には、過去に隊内で被害を受けたことがあっても、それを夫に打ち明けられた人もいれば、話していない人もいました。妻はすでに退職していても、夫は現役だから夫の立場や影響を不安視して、夫にも自衛隊にも報告しにくいようです。また、過去に被害に遭った女性が別の駐屯地で働き出してから、加害者もあとから同じ駐屯地にやってきて、遭遇してしまい、パニックに陥ったという声もありました。被害を上に申告していても、その後の配置について、被害者保護の配慮が足りないと嘆いていました。

日本と海外を比較

ここで簡単に、日本にはどれくらい女性自衛官がいるのかについて触れておきます。

二〇二三年三月末時点、日本に女性自衛官は約二万人おり、全体の八・七％を占めます。国際的にジェンダー平等が推進され、イスラエルやノルウェーなど女性も徴兵の対象となる国が出てきています。日本は徴兵制ではありませんが、少子化のあおりも受けて、自衛隊は今後さらに女性自衛官を増やす目標を掲げています。

日本の陸上自衛官の女性は、自分たちのことを「ＷＡＣ（ワック）」と呼びます。これは、自衛隊が女性活躍を図るときに、米国の陸軍女性部隊（ＷＡＣ＝Women's Army Corps）をモデルにしてきたことに由来します。そのモデルである米国では、二〇〇五年に国防省が「性暴力防止・対策局（ＳＡＰＲＯ＝The Sexual Assault Prevention and Response Office）」を設置し、年次報告書を公表しています。二〇二四年三月に公表された最新の「二〇二三年次報告書」によると、一年間で約四人に一人の軍人が性的暴行を受けたと報告されています。性暴力・セクシャルハラスメントの撲滅に向けて毎年細かい調査を行い、再発防止に向けた取り組みや専門家による被害者ケアなどを提言し、その実績も報告して軍組織風土の改善を図っているのです。

防衛省も、国際的な流れに乗って女性活躍を推進するならば、海外事例を踏まえてそれ相当の調査や被害者ケアを行うべきです。

声を上げにくい性被害

自衛隊の性暴力問題が報じられるようになったことで、事件に関心を持つ人は増え、五ノ井さんを応援する声も広がりました。同時に、勇気を振り絞って声をあげた被害者に対する誹謗中傷も流れてきました。五ノ井さんは、自身に対する誹謗中傷について被害届を出しています。のちにネット上で侮辱したとして略式起訴された人物の中に、陸上自衛隊の四一歳男性幹部が含まれていました。自衛隊内部に、しかも幹部が被害者攻撃をしていたのです。旧ジャニーズ事務所のジャニー喜多川氏による性被害を告発した男性が自死に追い込まれたという痛ましい報道があったように、被害後に続く苦しみに耐えるだけで精一杯の被害者が、誹謗中傷という二次被害にも晒されることは命にかかわる深刻な問題です。

日本で誹謗中傷に耐えながらも訴え続けた五ノ井さんですが、海外では高く評価されています。英フィナンシャルタイムの「世界でもっとも影響力のある女性二五人」、米TIME誌の「次世代の一〇〇人」、英BBCの「ことしの女性一〇〇人」に選ばれ、米国政府からは「勇気ある国際的な女性賞」が授与されています。このような動きが五ノ井さんを含めて多くの被害者の励みになっていると思います。

日本社会に確実にいい影響をもたらしていると、報道を見て実感することはあります。二〇二三年一月、横浜地裁でテニスコーチの男が、教え子に性的暴行をして児童福祉法違反で有罪になりました。東京新聞の「記者だより」（二〇二三年二月一二日）によると、教え子だった女性は当初、事件の公表を控えていましたが、五ノ井さんの姿を見て公表を決めたとあります。女性はこうコメントを寄せています。

「性犯罪に悩む人に、社会はまだまだ閉鎖的で優しくない。私が五ノ井さんに背中を押されたように、自分も誰かの背中を押せたら」

この記事を目にしたとき、五ノ井さんの訴えは無駄ではなかったと、書き手としても報われました。次の世代がよりよい社会であってほしいと願って起こした行動の一つひとつに大きな意義がある。それを当事者たちから教えられた取材でした。

パネルディスカッション――性加害の取材で心掛けることとは

性加害の被害者にどのように接するか

瀬川：お話、ありがとうございました。今回の事例は、周りにも人がいて密室ではありませんでした。性加害の問題は、多くの場合、加害者と被害者の主張が対立することもあり、取材や裏取りが難しい言葉のやり取りが多いように思います。最初の記事を出されるときに、どのような点について一番気をつけましたか？

岩下：性的な内容はプライバシーなので、取材者側の都合で質問を投げるというよりは、当事者に話したいことを話してもらいました。被疑者が不起訴になり、捜査機関への不信感を募らせ、人間不信になっている被害者は少なくありませんから、最初は安心してもらえるような雰囲気を意識しました。傾聴しながら、何か手がかりになりそうなものがないかを探っていきました。当事者から「これって証拠になるんですか？」というものが、話を聞いているうちに出てくるんです。たとえば、五ノ井さんの場合は、被害直後に相談していた人が複数いて、そのやり取りを残していました。性加害問題は「やった」「やってない」「言った」「言ってない」の水掛け論になるので、裁判でも証拠になりうる記録があるかは、記事を書くうえでも重要でした。

瀬川：五ノ井さんに直接会って取材をした人は、岩下さんが最初だと思いますが、次につながるもの、あるいは、その後、いろんな資料を集めたりすることのできる発言が得られたということでしょうか？

岩下：はい、五ノ井さんの話を聞いていてハッとさせられた発言がありました。五ノ井さんが「ただ技をかけただけで笑いが起きるわけがないじゃないですか」と言ったんです。その場に十数人がいる空間で、被害を受けたときに笑いが起きたということです。被害者の証言の中に、その状況を裏打ちするような言葉がありました。加えて、同じ中隊にいた女性の先輩隊員から証言を得られたことも大きかったと思います。

写真１　瀬川至朗氏

瀬川：岩下さんの発表の中で、二人三脚報道ということを言われていました。一般的にマスメディア、あるいは報道の世界では、当事者と一体化するな、あるいは第三者として客観的に報道せよということを教えられることが多いと思います。それはなぜかと言うと、当事者との一体化は、運動あるいは活動の類に属することであり、ジャーナリストではなく、アクティビストに分類されるこ

とになるからだととらえています。ご自身の報道を振り返ってみて、この点をどういうふうに考えられますか？

岩下：私は、五ノ井さんの前から性犯罪の取材はしたことがあり、客観性には気をつけてきました。それにほかの取材もありますし、一つのことにコミットして取材を続けられること自体が現実的ではない部分もあります。なぜ五ノ井さんのことに関してはコミットしてやってこられたかと言うと、五ノ井さんに真実を明らかにしたいという強い思いがあったからです。事実を追及する身として、私も五ノ井さんと同じ気持ちでした。向かっている方向が当事者と私で同じだったから、一緒に走ってこられたと思います。この問題をフェミニズムの観点から考察することはできると思いますが、五ノ井さんも私も立ち止まって考える時間よりも、当時は、目の前にある現実を見極めることに精一杯でした。ただ一心に真実を明るみにしたいという思いが一致していました。

瀬川：どちらも真実を追及するという姿勢ということですね。一方で、やはり完全に一体化することについては疑義が示されるかと思います。たとえば五ノ井さんがクレーマーと言われたことを載せないでほしいと言われたけれど、記事を載せたというお話がありました。

岩下：悩んだ時はもちろんあります。五ノ井さんに書籍化を提案したとき、どういう本にしたいかを聞くと、五ノ井さんは被害の描写を入れない、そして暗く可哀想な被害者として描かれたくない、むしろ笑ってもらいたい、とおっしゃっていました。被害の描写を入れたくないという気持ちは汲み取れても、さすがに笑ってもらうって……、超難題を突き付けられました。でも、最終的に、校正紙が出ると、五ノ井さんが被害の内容を自分で、しかも赤ペンで書き足してきました。何のために出版するのかを考え、ちゃんと被害のことを書かなきゃいけないと言っていました。こうした五ノ井さんご自身が気持ちを消化するプロセスを経て、本はできあがりました。

瀬川：『声をあげて』という本は、五ノ井さんご自身の記録という内容で、それを岩下さんが執筆したのですね。

岩下：はい。本に構成として私の名前が入っています。

写真2　岩下明日香氏

客観的な証拠の必要性

瀬川：当初、マスメディアの関心が低かったと言われていました。そのあたりどのような原因があるというふうに考えられていますか？

岩下：一度は不起訴になっていましたし、裏を取るのが難しい取材だったと思います。五ノ井さん自身も私以外の記者に対して持っている情報を全て提供していたわけではありませんでした。大手

写真3　シンポジウムの様子

メディアは裏が取れなくて、なかなか記事を出せないというところもあったようです。

瀬川：そこのところは、今のマスメディアの報道全てに関係するように思います。旧ジャニーズ事務所の性加害事件の報道にも見られるように、メディアはなぜこれまで報道してこなかったのか、ということが厳しく問われました。自社について検証しているメディアもありましたが、その後、また元に戻ってきているのではないか、という気がしないでもありません。今、テレビや新聞の報道の仕方が何か変わったなというようなところは見られるでしょうか？

岩下：私が以前いた編集部では、雑誌の表紙を主に旧ジャニーズで飾っていました。いわゆる「ジャニ担」がいましたし、斜陽のオールドメディアは少しでも消費者に振り向いてもらうためにタレントでファンを囲おうとして、事務所に忖度を働いていたと思います。持ちつ持たれつの関係でしたから、そう簡単に変われないと思います。

瀬川：ありがとうございます。それでは、皆さんからの質問を受けていきたいと思います。

質問：言葉の使い方についての質問です。五ノ井さんの発言では、セクハラという言葉が使われていました。岩下さんの記事ではセクハラという表現ではなく、性暴力、性加害、性被害っていうふうに直接的に表現されていたと思います。そのような単語の使い分けは何か考えていらっしゃったりしますか。

岩下：五ノ井さんの言葉から出てくるのは「セクハラ」でしたが、私は被害内容からして「性暴力」だと思いました。防衛省・自衛隊側の表現も「セクハラ」や「性的な身体接触」でした。書籍『声をあげて』の執筆過程で、五ノ井さんにも聞いてみると、セクハラも性暴力も犯罪に値し、どちらが軽いとか重いということではないということでした。確かにそうだと思います。五ノ井さんが言った言葉はそのまま「セクハラ」にし、事態が展開していくにつれて地の文で「性加害」「性暴力」と書き分けています。

質問：最初は出版の条件として性加害の詳細は入れないとされていたものを、校正の段階で加筆されたということなんですが、校正紙ができるまで、事実関係をどのように記載するかについて話したり、なにか説得されましたか？

岩下：センシティブかつプライバシー性の高い内容を詳細に書いたものが書籍として残ることで、当事者が将来後悔したり、生きにくくなってしまったりすることも想定できますから、無理強いはせず、五ノ井さんの意志を尊重しました。事実関係については、校正紙が出る前の段階で音声記録やメッセージのやり取りなど客観的な証拠をもとにインタビューを重ねて構成していきました。被害の部分は、裁判が始まっていなかったので、訴状などをもとにし、その後の裁判で事実関係が争われることにも留意して書きました。

報道をつないでいく意義

質問：被害者の方に取材を試みる際に、心を開いてもらうのはすごく難しいと思います。心を開いてもらうために心掛けていることがあればお伺いしたいです。あと、取材で信じがたい事実に触れることが多いと思います。どのように取材のモチベーションやメンタルを保っているのでしょうか。

岩下：私もどうしたらいいのかいつも悩みます。『〈犯罪被害者〉が報道を変える』（高橋シズヱ、河原理子編、岩波書店、二〇〇五年）に付属池田小事件で長女を亡くした酒井肇さんのお話があります。その中に、遺族に対して「お気持ちは」と聞いてくる記者よりも、「私に何かできることがあったら教えてください」と寄り添う記者の方が信頼関係を築けたとあります。被害者と向き合うとき、参考にしている取材姿勢です。心を開いてくれるか、受け入れてくれるか、話したいかは、当事者が選択できるように心掛けています。

二つ目のご質問については、人にもよるかもしれませんが、被害者のつらい体験を読んだり聞いたりすると、共感してつらい気持ちになることがありますよね。私は泣き虫なんで涙を堪えられなくなるんですけれど、取材者の場合、被害者に直接話を聞くことで、より深く感情が伝わってきて、ストレスを受けることがあります。二次受傷（代理受傷）と呼ばれ、性犯罪のサバイバーを取材する記者に起こりうることです。それを理解したうえで、自分と向き合いました。つらい思いをしているのは被害者の方ですし、勇気を振り絞って伝えようとしてくれるので、その思いを受け止めてちゃんと世の中に伝えるのが役割だと。そのために身を削って話してくれるんだからと、自分を奮い立たせてモチベーションを保っていました。何もしない方がむしろ思い悩んで沈んでしまいかねないので、前向きに行動を起こして切り抜けていました。

質問：五ノ井さんの報道は先にネットで行われ、その後に大手のメディアが報道しました。性暴力とか証拠が残らないものとか、大きな関心を集めにくい事案は、今後ネットによる報道が主になっていくのか、新聞とかの既存メディアも取り上げていくのでしょうか？

岩下：週刊誌やネットニュースの記者は大手メディアが書きにくいネタをどこよりも先に出したいと狙っています。一歩先にネットが報じ、その後に大手メディアも取り上げる流れがあると世論はついてきてくれます。ネットと新聞では読者層が異なりますし、より広い層に伝えるためにはさまざまな媒体を介して報道をつないでいくことが、関心を低下させないためにも大切だと思っています。

瀬川：最後に、私から質問します。今回の取材を通じてジャーナリズムの意義について今どのように考えていますか。

岩下：もし五ノ井さんが世間から注目を集めていなければ、自衛隊と検察はまともに捜査を再開しなかったと思います。多くの被害者が泣き寝入りを強いられる性犯罪の実情からして、被疑者に対する不起訴処分は正当だったのかを検証する余地はあると思っています。近年、性犯罪に関する報道が増え、法律も改正されてきています。報じ続けることによって、旧態依然の組織や司法の判断を動かす原動力にはなると思っています。報道をきっかけに、被害に遭って苦しむ人が周囲に相談し、助けを求めてくれればと願っています。

瀬川：本日のお話を聞いて感じたのですが、今のマスメディアがなぜ最初に報道できないのかというと、発表報道に頼っているという点があると思います。記者クラブを中心とした、発表に基づいた報道です。グローバル調査報道ネットワーク（GIJN）によると、調査報道とは自分の問題意識に基づいて、自ら調査し取材し、自らの責任において発表する、としています。発表報道とは対極に位置づけられるものです。性加害のケースは発表報道では難しいということがあります。そういう意味では、いろんな調査・資料に基づいて自前で報道する。そうした調査報道の一つに性加害の報道を位置づけて、被害者の心身の影響も踏まえて取材のガイドラインをつくり、真剣に取り組んでいく。それによって日本の報道が変わっていく一つのきっかけになると思いました。本日は岩下さんに有意義なお話を伺いました。ありがとうございました。

❖講義を終えて　被害者が報道を望むとき

受講生から性加害報道のあり方を問うさまざまなコメントをいただきました。

「五ノ井さんが最初に発信したときにテレビ局がスルーしていたことは、日本で性加害があまり大きな問題として捉えられていないことのあらわれだ」

「報道がなされた際に被害者に対する誹謗中傷があるという状況について、メディアは責任を持ってどのように対応するか考えるべき」

被害者に対する根拠のない憶測や誹謗中傷をネット上で垂れ流す人は存在し、それによって被害者は二次被害を受けて追い込まれる。報道機関やプラットフォーム、掲示板、SNSなどのメディアは、言論の自由を建前にそうした状況を放置しがちです。放置したことによって生じた二次被害の責任をメディア側が追及されることは少なく、第三者による検証や改善策は不十分なままです。こうした放置は、勇気をもって打ち明けようとする被害者の行動を萎縮させ、問題が表面化されにくくなる状況が生じ、見えないところで加害者が犯行を繰り返し、また新たな被害者が発生するという悪循環を招きかねないと危惧しています。

瀬川先生が示した内閣府の調査で、不同意性交された被害経験は女性八・一%、男性〇・七%という統計があるように、性犯罪は身近な犯罪です。相談しにくいですから、統計よりも実際は多いかもしれません。

性犯罪は身近にありながら、性にかかわる話題は非常にプライバシー性が高く、タブー視されがちです。取材をしていて、被害者（サバイバー）を目に見えないベールで覆い、まるで触れてはいけない腫物のように扱う空気が漂っているのを感じることがあります。被害者は周囲から「もう忘れて前へ進みなさい」と気遣われ、なすすべもなく沈黙を貫き、いつしか被害事実はなかったかのように時間の経過とともに流されていく。それが最善の選択だと諭す人さえいます。でもそれは解決策ではありません。被害者の心には傷が残ったまま、苦しみは続きます。

ただでさえ、今を生き抜くだけでも精一杯という被害者が、公表して報道を望むときとは――。五ノ井里奈さんの場合、自衛隊という巨大組織にうやむやにされた事実を明らかにして被害をなかったことにしたくないという強い意思と、残されたほかの隊員や希望を持って入ってくる新隊員に同じような被害に遭ってほしくはないという思いから、実名・顔出しで公に出ました。五ノ井さんは被害から一か月後に警務隊から聞き取り調査を受けましたが、被害内容をメモする書記係はこっくりこっくりと頭を揺らし、手に持っていたペンを落としながら居眠りをしていたと言います。捜査は「訓練」を理由に引き延ばされ、やっと出た当初の結果は被疑者の不起訴処分。懸命に世間に訴えてから、自衛隊と検察が再捜査に踏み切りました。本来、触れられたくない被害内容を被害者が自らの身を晒してまで公に訴えなければ、まともな捜査さえはじまっていなかったのです。

この実態は、自衛隊に限ったことではなく、日本の性犯罪における実情でもあります。捜査機関の初動捜査は適切だったのか、公正な司法判断だったのか。それをどう受け止めるのか、世の中に議論を促すこともジャーナリズムの役割だと思っています。そのときに、まずジャーナリストである前にひとりの人として、ただの傍観者でいるのではなく、被害当事者が負った傷と向き合い、次の被害者を出さないためにはどうしたらいいのかを、考えられる優しさを持ってくれたらと願っています。

大学院生と考える基地による水質汚染問題

座談会　『命ぬ水～映し出された沖縄の五〇年～』を見て

二〇二四年五月一七日に早稲田大学大隈記念小講堂で『命ぬ水～映し出された沖縄の五〇年～』が上映された。その後に行われた座談会では、本書の講義6の講師であるディレクターの島袋夏子氏と三名の学生が水質汚染問題の解決に向けて何が必要かを語った。来場した学生と一般の方々に、他人事ではない水質汚染の深刻さと、報道の課題を伝えることとなった。

（主催：早稲田大学文化推進部文化企画課、後援：琉球朝日放送）

◆登壇者

島袋夏子（琉球朝日放送）
佐藤陸人（早稲田大学大学院先進理工学研究科　修士課程二年）
西原里香（早稲田大学大学院文学研究科　修士課程一年）
星たまき（早稲田大学大学院社会科学研究科　修士課程一年）

島袋夏子氏

島袋：本日はたくさんの方々にお越しいただき心から感謝申し上げます。これからＰＦＡＳを巡る問題を扱ったドキュメンタリー番組『命ぬ水』についてディスカッションを始めます。まずはお一人ずつ感想をお聞きしたいと思います。

星：最初にこのタイトルを見たときには、米軍基地に関連する沖縄の固有の問題についてのナラティブだろうと少し安易にイメージしていました。しかし、実際にはこの問題は非常に複雑で多面的な側面を持っています。たとえば、作品に登場するニューハンプシャーの母親たちはアメリカでＰＦＡＳの危険性を訴える運動を起こしています。沖縄だけの問題でもなく日本だけの問題でもなく、世界共通の問題であり、危機感を持って捉えるべき命の問題であるわけです。日本政府側としてもアメリカとの条約による制約と国民に対する責任の間でジレンマを抱えざるを得ません。そういう複雑な問題だからこそ、さまざまや分野・立場の人々が集まって多面的な視点から解決をはからねばならない。そしてそのためのキーワードは命なのだとしみじみ思いました。

西原：私にとって一番印象的だったのは、必要な調査をなかなか行うことができなかったり住民の意見が反映されなかったりすることで住民の不安が増大する現状でした。率直に言うと、そういった現状をそのままにしている日本政府やアメリカに対してもどかしさを感じます。

佐藤：私は研究のほか、非常勤講師として高校で教鞭を取っており、リテラシーの重要性を感じることが多い立場にいます。私たち自身、普段の生活で使用するものについてはたしてそれが安全なものなのか意識しないまま使い続けているものが多いと思いますが、その結果、知らず知らずのうちに『命ぬ水』におけるアメリカ軍のように私たちも汚染をする側に回っている可能性があるのではないでしょうか。その危険性を踏まえ、必要な情報を共有していくためにはジャーナリズムの役割は重要で、若者がどんどんジャーナリズムから離れていく現状は、一教員としても一学生としても非常に悲しいというのが率直な感想です。

佐藤陸人氏

島袋：私たちがこの問題の取材を始めたのは二〇一六年のことです。沖縄県内に水道水を供給する沖縄県企業局から記者会見を開催するという連絡が入りました。当時、企業局というのは記者である私たちにとってもあまり縁のない組織で、会見がどのような目的で行われるのか全くピンときませんでした。その会見で初めて耳にしたのが、有機フッ素化合物（ＰＦＡＳ）という言葉でした。その物質が県内の水道水の取水源である比謝川《ひじゃがわ》から高濃度で検出されており、その汚染源がアメリカ軍の嘉手納基地ではないかというのが会見の趣旨です。私たち記者は、何か大変なことが起きていることは理解しつつも、初めて耳にする化学物質の名前に戸惑いを感じていたというのが正直なところです。

佐藤さんがリテラシーについて言及されていますが、実は私の働いている沖縄のローカルテレビ局には科学を専門とする記者がいません。ですので、環境汚染の問題、中でも今回のような住民の命にかかわる飲料水の問題が起こっても、問題を追求していくベースとなる専門的な知識が十分ではありません。そのような科学的なリテラシーがない状況とどう向き合っていくか葛藤する毎日が始まったわけです。

そこで私たちをあと押ししてくれたのが、沖縄の市民グループの皆さんでした。市民の皆さんと連携することで取材・調査を進めることができたという背景があります。

その点を踏まえて、皆さんにとってこの問題が身近なものなのかどうか、その距離感のようなものをお聞きしたいと思います。まず佐藤さんはいかがでしょう？

佐藤：今までニュースとして耳にしたことはありましたが、『命ぬ水』を見て、自分自身にも降りかかり得るような問題であることを初めて認識しました。水道水として供給される過程でいくらろ過されているとはいえ、それはアメリカの基準値を超えている可能性がある。ペットボトルのミネラルウォーターを買えば安全だろうと安易に考えず、かといってやみくもに恐怖ばかりを感じるのではなく、そのような現状がなぜ起こってしまったのかを理解しようとしないと解決につながらない。そのことを少し身が引き締まる思いで感じています。

島袋：佐藤さんもおっしゃったように、水道水だけを既存の基準・方法でろ過してきれいにしても、私たちが安全な水を安定して得ることはできない。元になっている土壌汚染や地下水の汚染を取り除いて初めてそれが可能になるわけですが、そこにはさまざまな問題が存在することを強く感じます。

西原：まず、生活者目線で考えたとき毎日飲む飲料水は命にかかわるものですから、何より大事にしていきたいと感じます。問題の解決には多くの障害が横たわっており、『命ぬ水』で見た、市民の声がなかなか反映されないことへのもどかしさを強く感じます。

私自身が物心ついた頃には浄水器が付いてるような家庭で育ったこともあり、この映像を見て、

西原里香氏

星たまき氏

水という非常に身近な問題に関してこのような実態があることに驚き、かつ問題の解決に向けて自分に何ができるかを考えるきっかけになりました。

島袋：この番組を制作して以降、私たちの局にも浄水器に関する電話がたくさんかかってくるようになりました。浄水器を作っているメーカーからのPRのほか、一般の方々からどの浄水器を使ったら安全なのかという質問も多く寄せられています。そういった質問に対して私たちははっきり回答できる立場にはありません。しかし、沖縄県民の安全な水に対する関心がいかに高く、その解決方法として浄水器の設置を検討される方がいかに多いかがわかりました。

本来安全な水として供給されているはずの水道水に対して多くの市民が不安を抱き、子どもにペットボトルの水を飲ませたり、経済的に無理をしてでも浄水器を自宅に設置したりという動きが起きてしまっている。このような社会状況には大きな疑問を感じます。

星さんは、アメリカの事例も含めて、このような状況下での女性たちの行動に感心をお持ちだったと思いますが、いかがでしょう。

星：このような大きな問題に対して行動を起こすのは男性であるという社会的な共通意識のようなものがあるように思います。しかし、今回のこのドキュメンタリーの中では、多くの女性、特に母親とか祖母というアイデンティティーを持った方々が実際に行動を起こしていることが非常に印象的です。

私は戦争による人間のトラウマ、中でも第二次世界大戦の沖縄戦における沖縄の母親たちの戦争体験を研究しているのですが、今回の問題でも、母親の愛が国境を越えて重要な意味・役割を持っていることを感じます。

島袋：今回の問題でもアメリカの市民グループ、特に女性たちががんばっています。

星：そうですね。私自身が三歳から一八歳までアメリカのオハイオ州で育ったこともあり、番組の中でオハイオから比較的近いニューハンプシャー州の母親が頑張っている姿には共感の思いを強く感じました。アメリカでの生活経験云々なしでも、子どものために行動する母親の姿は広く皆さんの心を打つのではないでしょうか。先ほど申し上げたように、単に沖縄とか日本の問題ということではなく、母親という世界共通のアイデンティティーの下に集まって、単なる米軍基地の問題ではなく人権の問題として解決を目指していく。問題の根本的な解決にはそのようなモメンタムが必要になってくるのではないでしょうか。

島袋：番組の中で紹介したアンドレア・アミコさんという女性は、自身の大学院での専攻を活かしてPFASに関する科学的なデータを集めて市民に提供していて、アメリカでは名前の知られた存在です。彼女を見ても、問題の解決に向けて原動力になってくるのは人の力や情熱なのではないか、そして、その際にはリテラシーを持っている方との情報共有がキーになるのではないかと思うのです。この点、佐藤さんはどのように思われますか？

佐藤：そういった観点で言うと、近年日本でも若者の理科離れというのが問題になっています。子どもの頃の理科に対する苦手意識が理系人材の不足の遠因になっていると考えれば、学校などの教育機関やテレビをはじめとするメディアを通じて子どもたちが少しでも理科に接する機会を作ってあげることが必要です。ひいてはそのことが科学的なリテラシーを高めることにつながるのではないでしょうか。

私は教員として、実験を通じて子どもたちに少しでも理科への興味を持ってもらえる状況をつくっていきたいと心掛けています。子どもたちに理科がとても面白いものだと感じてもらい、身の周りの危険なものとそうでないものを区別するのに役立つんだよと知ってほしい。このような考え方を持って日本の科学教育を進めていくことが必要ではないでしょうか。

島袋：ありがとうございます。西原さんは問題の解決に向けて何が必要になっていくと思われますか？

西原：最近ではニュースでもＰＦＡＳを巡る問題を目にすることが増えていますが、多くの場合それは通り一遍の取り上げ方にすぎず、大きく扱われることはあまりありません。ましてや問題をとりまく状況やこれまでの経緯が具体的に報道されることは少ないのではないでしょうか。

対してドキュメンタリーというのは、さまざまな当事者・関係者・一般の市民の問題に対する思いの集積ではないかと思うのです。多くの人たちの思いに触れることで、その問題を遠い場所の他人事ではなく身近な「自分事（じぶんごと）」として感じることができます。実際私がＰＦＡＳの問題に興味を持つようになったのも、『命ぬ水』を見たことが大きなきっかけになっています。

単なる一過性のニュースとして取り上げるだけなく、ドキュメンタリーのようにじっくりと人々の思いを紡いでいく。そういったメディアの力が今後さらに重要になってくると考えています。

島袋：そうですね。今も沖縄のメディア各社がそれぞれに切磋琢磨して取材を継続していますのでご覧いただきたいと思います。

さて、ここで今回の番組制作で共同ディレクターを担当していただいたイギリス人ジャーナリストのジョン・ミッチェルさんのことをお話しします。

初対面のとき彼は「僕はイギリス人ですが、その前にウェールズ人です」と自己紹介しました。その時私は、ウェールズという地域がピンと来ませんでした。どんなところか尋ねると、彼は「日本における沖縄のようなところで、古来から独自の国家を形成し、固有の文化と言語を持っていた地域です」と説明してくれました。確かに、現在のイギリス国内におけるウェールズの状況は沖縄の日本における状況と似ていると思います。

このような取材では、アメリカの情報自由法を活用してアメリカ軍やアメリカ政府に対して情報公開請求を行います。ミッチェルさんはその高いスキルを持っています。私は日本の外務省や防衛省に対して情報開示請求を行います。そして、二人が手に入れた資料を合わせて検討を行います。そのような役割分担で私たちはともに取材を続けてきました。

一言で事件・事故といっても、実際にその映像を見るか見ないかで情報を受けとる側の印象には大きな違いが生まれます。ミッチェルさんが入手した写真には言葉を失うような光景が広がっており、この番組で視聴者が感じたリアリティは彼に引き出してもらった部分が大きいと思っています。

今回のような上映会やYouTubeでの配信など、今後も地上波の放送以外に多くの方に番組を見ていただく機会を作ろうと思っています。また番組制作についても、ローカル局が単独で制作するのではなく、さまざまな人たちと手を取り合って取材を進めることが有効だと考えます。

改めて星さんに伺いたいのですが、このような問題について、日本国内だけでなく海を越えて海外の人々と連携して解決を目指すことは可能でしょうか？

星：そうですね、まず、このような番組を沖縄だけでなく日本全国の皆さんに見てほしい。そして

登壇者の皆さん

それにとどまらず、たとえばアメリカでも上映して海を越えて共感してもらう。そのようなネットワークが広がるきっかけになったらいいですよね。

私がアメリカで通っていた高校では、様々な社会問題に関心を持ち、活動をしていた同級生もいました。

『命ぬ水』で扱っている問題についても、世界中が共感できるメッセージを海外に向けて発信して、各国の若者、母親そして父親たちを巻き込んで国境を越えた社会運動に発展させる。それが解決問題の解決につながるのではないかと思います。

島袋：ありがとうございます。一九九〇年代終わりにダウケミカルという化学メーカーのオハイオ州にある施設からＰＦＯＡが流出し大規模な健康被害を引き起こしたことがあります。

沖縄県企業局による二〇一六年の記者会見も、アメリカの動きを背景に行われたものです。ちなみに、日本国内で水道水に含有されるＰＦＡＳについての規制値ができたのは二〇二〇年のことで、沖縄県企業局による記者会見から四年もあとのことです。

佐藤さんがこの問題に興味を持たれたのもやはりニュースで見たことがきっかけだとお聞きしましたが？

佐藤：インターネットで住宅街に消火剤の泡が漏れ出ている動画を見て衝撃を受けました。全国ニュースでの報道などを見ても、現在のメディアによる報道というのはいかにインパクトを残せる映像を流せるかが主眼になっていて、沖縄、そして日本各地の現状や、問題解決に向けての過程・問題点などを深く伝えるという流れにはなっていないように思います。言い換えれば、世の中のために情報を開示する・明らかにしていくというメディアの本来の役割が果たされていないのではないでしょうか。あるいは、国民の側がそこに関心がないがゆえに、メディア側もその役割を果たそうという意欲を持ちにくいという側面もあるかもしれません。我々一般の国民がニュースの内容に興味を持ち、メディア側はそれに応える形で、その本来の使命を再認識し情報をわかりやすく伝える。そのような関係が成立すれば、リテラシーの部分を含めて問題の解決に資するのではないかと思います。

島袋：今回のこの番組で取り上げているのはアメリカ軍基地を汚染源と考えるケースだけです。しかし、実際にはＰＦＡＳによる水源汚染はアメリカ軍基地の存在にかかわらず、日本全国で起きています。そのことが次々に明らかになっているにもかかわらず、私たちがそのニュースを目にすることはあまりありません。報道しているメディアもありますが、全体的に情報量があまりにも少ないのです。

現状を考えれば改めて非常に解決が難しい問題だと言わざるを得ません。この状況を皆さんはどのように考えていらっしゃいますか？　星さんからお願いします。

星：私自身の無責任さを改めて気づかされた思いです。もちろんニュースで耳にしたことはあるのですが、文字通りただ聞いていたというだけで、実際には聞き流していたのです。自分から情報を得ようとか当事者の声を聞いてみようとかいう気持ちを持ったことはありませんでした。

逆に言えば、一人ひとりのそのような意識を高めていくことが問題解決へのステップになるのではないでしょうか？　私自身も今はこれから学んでいくことに対して刺激を感じています。

島袋：そうなんです。私も二〇一六年の企業局による記者会見が開かれた時点ではこの問題にそれほど関心を持っていたわけではありませんでした。その後二〇一九年になってもこの問題が解決に向かって進展していないことを知ります。沖縄県民四五万人、県民の約三分の一にも及ぶ飲料水に関わる問題なのに、三年経っても未だ汚染の原因さえわからないままになっている。このことに改めて気づいて、やっとスイッチが入ったというのが実際のところです。

西原：先ほども申し上げましたが、やはり問題をいかに自分事として考えられるかがポイントなのではないでしょうか。私たちの生活に身近な水に関することですから、他人事ではなく自分事として取り組み、自分の意見を持ち、問題解決に向けたアイデアを考える。一人ひとりがこのような姿勢を持つことが、最終的に問題解決につながると考えています。

佐藤：自分事として考えるというのは本当に大切だと思います。私の勤務している学校という場で考えてみても、家庭科の調理実習で使った油や理科の実験で使い終わった薬品をそのままシンクに生徒等が安易に流してしまうことが起こりやすくなっています。少しだから問題ないだろうという軽い気持ちで行うその行為が環境に負荷をかけ、ひいては今回のような問題につながっていくのかもしれない。

他人のせいにするのではなく、まず自分自身が正しい行動を取れているのか自らに問う。そのうえではじめて他者であったり外部の組織であったりの行為を問う。自分事をしっかり見つめ直したうえで、外部に訴えかけるという姿勢が求められると思います。

島袋：現在日本のＰＦＡＳについての規制値は飲料水一リットル当り五〇ナノグラム以下となっており、これ以下ならば毎日二リットルの水を生涯飲み続けても健康に問題が出ないとされています。対してアメリカでは、最近ＰＦＯＳとＰＦＯＡでそれぞれ四ナノグラムにまで厳格化されまし

座談会の様子

た。

このような流れの中で、日本でも五〇ナノグラムという数値が本当に安全なのかという疑問の声が上がっていますが、まだ政府が今までの方針を変えるというような流れにはなっていません。国内でのPFASに対する規制が今後どういう方向に進むかの潮目の時期に来ていると考えられます。今回のこの上映会も、これから日本でのPFASに対する規制をどのように進めていくべきか、一緒に考えてもらうきっかけになったらいいと考えています。

話は変わりますが、在日アメリカ軍基地の中で使用されている水道水は汚染されていなかったのか、という質問をいただいたことがあります。実は、私たちが市町村の水道局に水道料金を支払って水の供給を受けているのと同様、アメリカ軍も沖縄の自治体から同じ形で水道水の供給を受けています。しかし、アメリカ軍人とかその家族もその水にＰＦＡＳが含有されているという情報をほとんど知らされてきませんでした。彼らにとっても必要な情報が公開されることが必要だと考えます。

それでは最後に一言ずつお願いします。

星：『命ぬ水』で、アメリカ軍がＰＦＡＳを含有する消火剤を使い続けている理由について、一九六七年に多数の軍人が亡くなる大規模な火災が起こり、それ以来、軍で働く人たちや軍事力そのものを火災から守るという米軍の責任を果たすべく、強力な消火力を持つ泡消火剤を使用している、とありました。それは米軍の責任であり正義であるとのことでした。このようにアメリカ軍の側にも事情や理由があって、この問題をさらに複雑なものにしています。だからこそ、今の状況を把握できるように、米軍基地ときちんと話し合えることが、私の願いです。

西原：『命ぬ水』を見て、改めてジャーナリズム、特にドキュメンタリーの持つ力を強く感じました。ニュースですと最低限の情報は開示されますが、なかなかその人間や組織の持つ考え方や抱えている背景の部分まで深く掘り下げるところまでいきません。しかしドキュメンタリーですと、当事者それぞれの持つ立場・背景やその問題をどう捉えているのかといった部分を深いところまで伝えることができます。それによって視聴者が問題を自分事として考えるきっかけになると思うのです。

佐藤：やはり情報を透明化し、危険をいち早く周知することが大切だと思います。ＰＦＡＳが使われているといっても、テフロン加工のフライパンのように非常に便利なものがある一方で、問題となっている泡消火剤のように危険なものもあります。使い方を一歩誤れば私たちを傷付けてしまいかねない諸刃の剣と言えます。やみくもに危険視して禁止するのではなく、どう使えば危険を回避し有用なものとして利用できるのか、慎重に検討を重ねつつ開発を続ける。私たち人類にとって科学の進歩は不可欠なものですが、科学は新しいものへの挑戦であるとともに、私たちの生活を危険から守ってくれるものでなくてはなりません。そういう意味で科学の重要性が語られる世の中であってほしいと思います。

島袋：皆さん、どうもありがとうございました。

最後に一言申し上げておきたいのは、この番組はアメリカ軍基地の問題を扱っているわけですが、単に米軍基地に対して賛成とか反対とかいう主張を行ったり、皆さんにその是非を問おうとしているわけではないということです。そういう次元を超えて、みんなで環境問題について考えていくきっかけになればいいなという思いで制作したものです。

先日、ジョン・ミッチェルさんの協力で、『命ぬ水』に英語の字幕を入れ、アメリカの大学でも上映しました。その際、沖縄の位置がわかる地図を挿入してほしかった、沖縄の置かれた歴史的背景をもっと解説してくれていればさらに理解が深まったといった意見をいただきました。もともと沖縄県内で放送することを念頭において制作したものですので、そのような配慮が不足していた部分はあったと思います。

しかし逆に考えれば、そのような点を改善していけば、私たちローカル局が作っている番組も海を越えてよりたくさんの人に見てもらえるチャンスがあるということです。そういう意味で、この番組での経験を通して、これからも沖縄からいろいろな問題を発信していきたいと改めて思います。

「忖度」をめぐる私論

瀬川至朗

本書のタイトルは『「忖度」なきジャーナリズムを考える』である。

「忖度」とカギ括弧を付けたのは、忖度という言葉の使い方を、全国紙の新聞記事データベース(注)や「国会会議録検索システム」(https://kokkai.ndl.go.jp/#/)で調査し、その意味について検討した結果である。

忖度(そんたく)という言葉は、古くは中国の『詩経』(紀元前一一～六世紀)、日本では『菅家後集』(平安時代)で使われている。「忖」は、「指をそっと置いて脈を知るように、そっと他人の心を推し量ること」、そして「度」は「尺」と同系で、こちらも手尺で長さをはかる意味だと、『漢字語源辞典』は教えてくれる。『広辞苑』第七版(二〇一八年一月)を引くと、忖度は、「他人の心中をおしはかること。推察」となっている。語源に来歴する使い方である。

ところが、二〇一九年九月に出版された『大辞林』第四版には、忖度の意味として、①「他人の気持ちをおしはかること。推察」と②「地位や立場が上の者の意向を推測し、それに添うような行動をすること」の二つが記されている。①は『広辞苑』と同じだが、②が加わっている。

これは、「忖度」という言葉が、「2017ユーキャン新語・流行語大賞」(「現代用語の基礎知識」選)の年間大賞を受賞したことと関係がありそうだ。一七年に報道された森友・加計問題では、安倍晋三元首相の意向を官僚が「忖度」したかどうかが問われて大きな注目を集めた。当時の毎日新聞記事(一七年四月二〇日)によると、権力者におもねるような使い方は同紙では一九九七年が初めてだという。受賞当時からすれば初出が二〇年前という、かなり新しい使い方になる。こうした使用期間の短さが影響してか、②の使い方は誤用だとみなすネット記事も出ている。

では、実際はどうなっているのだろうか。全国紙の新聞記事データベースや国会会議録検索システム」で「忖度」の使われ方を調べてみると、『大辞林』の②に近い使用例が、一九八〇年代の新聞記事に複数見つかった。政治家自身が、②のような意味で発言し、それを報道している例もあった。また、戦後の一九四七年に始まった新制国会の当初から、国会議員らが「人・組織・国の意向を配慮する」(これを語義の③とする)という意味で「忖度」という言葉を使っていた。

しかし、初期国会における③の「〇〇の意向を配慮する」は当の本人が主体的・能動的に行う意味で使われており、ポジティブなイメージを有していた。これに対し、『大辞林』の①「他人の気持ちをおしはかる」は中立的な使われ方といえる。一方、②の「地位や立場が上の者の意向を推測し、それにそうような行動をする」は本人にとっては受動的であり、ネガティブなイメージになる。

じつは、③の「人・組織・国の意向を配慮する」には能動的、受動的、それぞれの用法を想定できる。受動的な使い方の場合は、「人・組織・国などの意向に迎合する」という意味になる。そう考えると、②の語義は③に含まれるように思う。また、③の「人・組織・国の意向を配慮する」の能動的な使い方が、その後、受動的な使い方に変化したとなれば、興味深いし、その変化の要因も探りたくなる。

本書のタイトルにある、「忖度」なきジャーナリズムの「忖度」は、③の受動的な使い方である「人・組織・国などの意向に迎合する」ことを指している。①の意味ではないことを明確にするためカギ括弧を付けた次第である。②の「地位や立場が上の者の意向を推測し、それに添うような行動をすること」もタイトルの「忖度」に含まれている。

さて、調査結果について少し詳しく紹介してみたい。

全国紙の新聞記事のテキスト本文がデータベース化されているのは、各社概ね一九八〇年代からである。その中で一番早いのは日本経済新聞で、一九八一年の記事からテキスト本文を検索できる。そこで、日経の記事を「忖度」というキーワードで検索してみた。意外なことに、③の「人・組織・国の意向を配慮する」という意味の用例は、データベース化された最初の年に見つかった。総理府が発表した青少年白書についての社説の一文である。

「むろん白書の分析の根拠となっている数々の世論調査が正確に国民の気持ちを表現しているとはいい切れない。質問の仕方や、あらかじめ質問者の意図を**忖度**して回答しがちな日本人の国民性などから、調査には限界があるといわれる」

（一九八一年一二月一四日「青少年の無気力と現状追随感覚」）

この場合の「忖度」は純粋な「推察」という意味に取れなくもないが、「忖度して回答」という文脈からして「意図を配慮する」と理解した方が適切だと思う。

「人・組織・国の意向に迎合する」という意味に読み取れる文言は、一九八〇年代半ばの政治関連記事で複数見つかった。たとえば、全斗煥・韓国大統領の訪日を取り上げた次の記事である。

「政治的に見れば、大統領の訪日は日韓両国の結びつきをより強固にする。これが、対ソ姿勢を強める米レーガン大統領の意向を**忖度**した結果かどうかは明確でないが、日韓の一段の結束強化は東アジアの政治情勢に対し、確実に一定の波紋を投ずる」

（一九八四年八月一三日「『過去』清算へ大きなかけ――全大統領訪日に歴史的意味」）

明らかに、レーガン大統領の意向を汲み取って行動した、と解釈できる。③の受動的な使い方であり、米国と日本の力関係を考慮すると②に近いともいえる。

もう一つ、中学・高校の歴史の教科書をめぐる検定を取り上げた社説では「中国や韓国の意向を忖度した」という記述があった。

「従来の教科書会社ではない出版社が検定申請した「新編日本史」が話題となった。他の教科書とは基調の異なるこの本が五月二十七日に文部省の検定審議会をパスしたことが注目され、さらに一転して、その記述が中国や韓国の意向を**忖度**したような政府首脳や外務省の意向により、四十カ所も超法規的に書き換えさせられた」

（一九八六年七月一六日「高校教科書での近現代史の扱い」）

この記述も「意向を汲み取った」という意味であり、③の受動的な使い方に分類できる。

自民党内の「闘争劇」においても「忖度」が使われた。防衛費一％枠問題をめぐる宮沢喜一総務会長、鈴木善幸前首相、加藤紘一防衛庁長官の間の駆け引きを記述した記事である。

「宮沢氏が一％枠撤廃に反対の考えを示しても『ゼンコー（善幸）さんを**忖度**して強い意向を吐

いているのでは…』と（加藤防衛庁長官は＝同）解説した」

（一九八五年九月八日「明暗「1％枠」撤廃劇――悔し涙加藤長官、三世代闘争で敗北。」）

この記事では、加藤氏の「忖度」という発言を引用したかたちになっている。

一九八〇年代の日経の記事の中で、「忖度」という語を含む記事は年に一、二件程度である。その意味では、「人・組織・国の意向に迎合する」という使い方は目立つように思う。

他紙はどうか。読売新聞（一九八六年から記事本文をテキスト化）では、一九八九年四月二六日の自民党各派幹部座談会の記事で、②に近い表現が使われていた。塩川正十郎氏の「首相の気持ちを忖度して思い切った政治改革案をまとめて実行していかなければならない」という発言をそのまま掲載したものである。また、一九九一年九月五日の参議院証券・金融特別委員会における証言内容を掲載した記事では、③の「人・組織・国の意向に迎合する」に相当する表現があった。株価大暴落を受けた証券界の損失補填問題に関連した証人喚問で、日興証券前社長が「（補てん先選定の）基準は全くない。株価の歴史的な大暴落の中、こちらの担当者が向こうの気持ちを忖度してやった」と語っている。

朝日新聞は日経に続いて一九八四年に記事本文のデータベース化を始めているが、「人・組織・国の意向に迎合する」という意味の「忖度」が初めて登場したのは一九九二年四月二日。「一八日の自民党総務会では、ゴルバチョフ大統領が国内で置かれた立場を**忖度**すべきだという議論もあったが、それは少数意見だった」という記述である。ほかに自民党の綿貫幹事長の発言として「宮沢総裁も副総裁の辞意が固い以上、本人の意思を**忖度**するということでした」（一九九二年九月九日）、経済評論家の内橋克人さんの話として「上司の意向をおもんばかる**忖度**といったタテの構造を残している。言葉だけ直しても、その構造から直していかなければうまくいかない」（一九九三年三月二四日）などを掲載している。内橋さんが言う「忖度」は、まさに二〇一七年に新語・流行語大賞の年間大賞を受賞した「忖度」だった

毎日新聞（一九八七年から記事本文をテキスト化）では、②に近い「忖度」が一九八八年八月二一日の記事にあった。行政改革で新設された総務庁が始めた「各省庁幹部懇話会」などの取り組みについて「行革の裏方、総務庁のこの一連のもくろみも首相の胸中を**忖度**した選択とみられる」と記者が評している。

以上にように見てくると、政治の世界では、一九八〇年代半ばには、「忖度」が②の意味で使われていたことが窺い知れる。九〇年代初めには経済界でも使われている。ただし、元来、政治の世界で使われていた「忖度」という意味の言葉が、報道されることで定着していったのか、それとも、メディアの方が率先して使い始めたのかは、不明である。

それでは一九八〇年代より前はどうか。古い記事となると、見出しやキーワードでの検索は可能

だが、記事本文は検索できない。そこで、国会会議録検索システムを利用することにした。国会のデータベースは一九四七年の第一回国会から、本会議や各委員会の議事録が網羅的にテキストとして収録されている。先に紹介した新聞記事データベースの調査から、国際政治や国内政治で「忖度」が使われる機会が多いことが示唆されており、国会議員の発言に着目したいと考えた。そこで国会のデータベース全体を対象に、「忖度」を含む発言を古い順に抽出したところ、すでに初期の国会から、議員や閣僚、官僚が③の「人・組織・国の意向を配慮する」という意味で発言していることがわかった。

第一回国会で忖度という言葉を使った発言は二二件あった。そのうち時間の古い順に三つの発言を紹介する（発言の記録部分の字体は原文のまま）。

「一昨年の十二月、ポーレー案が新聞紙で発表され、あるいは昨年の五月、極東委員会において若干修正が加えられ、あるいはまた昨年の十一月、司令部の委員会等におきまして、いろいろ案が出まして、おいおいとお互いの眞の要求を**忖度**されまして、ある程度緩和され、日本の産業が再建されるために、よほどの御好意を受けておりますことに対しましては、この壇上より厚く御礼申すものであります」

（一九四七年七月三日、衆院本会議、星島二郎）

「その國情に應じて、國民の考えておりまする心持を十分に**忖度**して、常識的でなければならないと思うのであります。飛び離れた運動で、國民から遊離するというようなことでは、眞に國民の心を掴むことができないと考えておるのであります」

（一九四七年七月四日、衆院本会議、片山哲＝総理大臣）

「この審査に當りましては、私は役所の專斷でなく、その地元の漁業會なり、あるいは市町村長なり、その他あちらから出張されておりますところの出張員の方なりの意見も**忖度**いたしまして、御決定を願いたいのでありますが…」

（一九四七年七月九日、衆院水産委員会、川村善八郎）

最初の発言は、第二次世界大戦に伴う日本の賠償問題に関するもので、極東委員会は、連合国の対日政策決定機関、司令部はＧＨＱ（連合国軍総司令部）のことである。三つの発言における「忖度」は「意向を配慮する」ことを意味している。いずれも忖度する本人の主体的・能動的な行為としてとらえており、ポジティブなイメージを有していた。対象との間の上下の関係が意識されているわけでもない。特に当時の片山首相が、「国民の心持を忖度する」と語っているのは興味深い。

次に第三回国会から三つの発言を選んで紹介する。

「十日では審議が不可能である。それで今月一ぱいときめたにかかわらず、十日間ときめたと同じような考え方をもつて、十五日中に上げてもらいたいという要求は、明らかにわれわれの意思を**忖度**せずに、軽視しておるという結果になろうと思う」

（一九四八年一一月一一日、衆院議院運営委員会、浅沼稲次郎）

「過日われわれがフーヴアー氏に会つたときにも、國会が十分権威をもつて審議することは**忖度**する、國会の意思は十分**忖度**するということをはっきり言っております」

（一九四八年一一月一三日、衆院人事委員会、前田種男）

「マッカーサー元帥の書簡の中には、準司法的な云々の文章のあることも私はよく承知しております。しかし司令部の命令は、ただ單にこの書簡ばかりでないと思います。終戰後いろいろな角度から、命令なり支持、勧告がなされております。いろいろな角度から見て、司令部の意見を**忖度**しなければならぬと私は考えております」

（同）

これらの発言でも、「忖度」は「意向を配慮する」ことを意味している。とくに三番目の「司令部の意見を忖度しなければならぬ」という発言は、上下の関係を想起させるように見えるが、これに続く発言を読むと、「司令部の意見を検討する」という意味と考えられ、どちらかというと、主体的・能動的な使い方だと判断した。

以上が、データベース調査結果の報告である。

今回見えてきたのは、「人・組織・国の意向を配慮する」ときの「配慮」の意味合いである。主体的・能動的な場合は「考慮」に、受動的な場合は「迎合」にそれぞれ切り分けることができるのではないか。「意向を考慮する」とは、人・組織・国の意向についてさまざまに考えを巡らし、是々非々で取り入れたり除外したりすることである。「考慮」と「迎合」の違いは、対象となる人・組織・国との距離感や関係性の違いであろう。主体的・能動的なジャーナリスト活動には、独立性や「個」として強さ、明確な問題意識などが必須である。

なお、今回のデータベース調査はかなり限定的なものになっている。もし、国会会議録検索システムを使い、第一回以降すべての国会を対象に、「忖度」を含む全発言を収集して分析をすれば、「忖度」の使い方の変化やその要因が判明する可能性はあるだろう。時間の制約があり、今回は一部の調査分析しかできなかったことはお許しいただきたい。

（注）新聞記事データベースは、早稲田大学が契約している『朝日新聞クロスサーチ』（朝日新聞社）、『日経テレコン21』（日本経済新聞社）、『毎索』（毎日新聞社）、『ヨミダス』（読売新聞社）を利用した。

あとがき

「石橋湛山記念 早稲田ジャーナリズム大賞」記念講座として開講する「ジャーナリズムの現在」という授業は、大隈記念大講堂の地下一階にある小講堂を教室として使っている。以前は九〇分だった大学の一回の授業時間が二〇二三年度より一〇〇分になったこともあり、毎回、講師の方にディスカッションテーマを二つ出してもらい、学生が小グループに分かれて議論する時間を設けるようにした。参考に、二四年度に提示されたテーマを見てみよう。

▽鈴木エイトさん
「被害者（当事者）を前面に立てる報道によるプラス面とマイナス面、旧態依然とした報道スタイルで良いのか？」

「一見、支持を集めやすい〝犯人の思う壺〟論をどう論破すべきか？」

▽霍見真一郎さん
「少年事件記録の廃棄問題はなぜ起きたと考えるか」

「事件取材で、被害者から名前など個人情報を伏せてほしいと求められたらどうするか」

▽島袋夏子さん

「米軍の環境汚染にはどのようなものがあると思いますか？　あなたは知っていましたか？」

「ＰＦＡＳによる水源汚染、どうしたら解決できると思いますか？」

▽青山浩平さん・持丸彰子さん

「真偽不明の情報、どうやって裏をとるか」

「どうすればもっとドキュメンタリーを見てもらえるか？」

▽萩原豊さん

「国際情勢について、どのような報道をすれば、日本の、特に若年層に関心を持ってもらえるか？」

「分断が進む世界で、メディアは、どのような情報を発信すれば、〝架け橋〟となることができるか？」

▽有本整さん
「正邪のはっきりしないワクチン副反応問題、自分ならどう扱う」
「ジャーナリストであるとしたら、何が最も重要な役割と考えるか」

日々の報道現場でメディア関係者自身が悩んでいる課題が目についたように思う。いずれも、若い人がどう考えているか、聞きたいテーマである。議論が終わると、学生からグループ内でどのような意見が出たかを報告してもらう。講師にとって新鮮な意見が少なくなく、講師と学生が互いの考えを共有する貴重な場となっている。時間が足りず、一つのテーマしかできないときがあったのは残念である。

本書は、「石橋湛山記念 早稲田ジャーナリズム大賞」記念講座二〇二四「ジャーナリズムの現在」における講義やシンポジウムの内容を再構成したものである。講師やパネリストの方には、お忙しいなか、講義テキストの確認・修正のほか、「講義を終えて」というコラムの執筆をしていただいた。心より感謝申し上げたい。

今回の講師には、本学大学院政治学研究科ジャーナリズムコース（ジャーナリズム大学院）修了生が二人いた。琉球朝日放送の島袋夏子さんとスローニュース／ノンフィクション作家の岩下明日香さんである。

ジャーナリズム大学院は、高度職業人の養成を目標に掲げ、▽プロフェッショナルなジャーナリストの養成、▽専門ジャーナリストの養成、▽アジアにフォーカスしたジャーナリストの養成――を重視した研究・教育を進めてきた。その中で「個」として強いジャーナリストの養成も謳っている。二人はいずれも私が担当するゼミに所属し、驚くほど積極的に研究テーマに取り組んでいたことを覚えている。記念講座に二人をお呼びすることができ、望外の喜びを感じている。

早稲田ジャーナリズム大賞には、作品の応募受付から賞の選考、贈呈式、そして受賞者を中心とする記念講座の運営と講義録の作成――という長い道程がある。私自身、選考委員、記念講座の担当教員、本書の編者として実に多くの方々にお世話になった。とりわけ、早稲田ジャーナリズム大賞事務局長の湯原法史さん、早稲田大学広報室の加藤邦治、志熊万希子、時任宏、永久保晶子、天野尚子、新井優子、澁谷まゆりの皆さん、文化推進部文化企画課の田中健大さん、そして早稲田大学出版部の畑ひろ乃さん、それぞれに深くお礼を申し上げる。

なお、私が記念講座を担当したのは二〇一八年度からで七年目になる。二〇二〇年度は、新型コロナ感染拡大の影響があり、休講せざるをえなかった。二〇一九年度の受賞者の方に二年後のオンライン授業で講義していただくという変則的なことも経験した。早稲田大学は定年が七〇歳で、今年度が一つの区切りになる。本記念講座が、今後ますます充実していくことを願っている。

二〇二四年一一月三日

瀬川至朗

石橋湛山記念
早稲田ジャーナリズム大賞

建学以来、早稲田大学は「学問の独立」という建学の理念のもと、時代に迎合せず、野にあっても進取の精神で理想を追求する多数の優れた人材を、言論、ジャーナリズムの世界に送り出してきました。

先人たちの伝統を受け継ぎ、この時代の大きな転換期に、自由な言論の環境を作り出すこと、言論の場で高い理想を掲げて公正な論戦を展開する人材を輩出することは、時代を超えた本学の使命であり、責務でもあります。

このような趣旨にのっとり「石橋湛山記念 早稲田ジャーナリズム大賞」を創設しました。

本賞は広く社会文化と公共の利益に貢献したジャーナリスト個人の活動を発掘し、顕彰することにより、社会的使命・責任を自覚した言論人の育成と、自由かつ開かれた言論環境の形成への寄与を目的としています。

賞の名称には、ジャーナリスト、エコノミスト、政治家、また本学出身の初の首相として活躍した石橋湛山の名を冠しました。時代の流れにおもねることなく、自由主義に基づく高い理想を掲げて独立不羈の精神で優れた言論活動を展開した湛山は、まさに本学の建学の理念を体現した言論人であるといえます。

（本賞制定の趣旨より）

編著者紹介

瀬川 至朗（せがわ　しろう）

岡山市生まれ。東京大学教養学部教養学科（科学史・科学哲学）卒。毎日新聞社でワシントン特派員、科学環境部長、編集局次長、論説委員などを歴任。現在、早稲田大学政治経済学術院教授。2024年8月より東京大学大学院情報学環特任教授を兼務。「石橋湛山記念 早稲田ジャーナリズム大賞」選考委員、同記念講座コーディネーター、早稲田大学ジャーナリズム大学院（大学院政治学研究科ジャーナリズムコース）プログラム・マネージャー。ファクトチェック・イニシアティブ（FIJ）、報道実務家フォーラム各理事長。専門はジャーナリズム研究、科学技術社会論。著書に『科学報道の真相――ジャーナリズムとマスメディア共同体』（ちくま新書、2017年〔科学ジャーナリスト賞2017を受賞〕）などがある。

「忖度」なきジャーナリズムを考える
「石橋湛山記念 早稲田ジャーナリズム大賞」記念講座2024

2024年12月20日　初版第1刷発行

編著者　瀬川至朗
デザイン　佐藤篤司
発行者　須賀晃一

発行所　株式会社早稲田大学出版部
〒169-0051 東京都新宿区西早稲田1-9-12
TEL03-3203-1551
https://www.waseda-up.co.jp

編集協力　有限会社アジール・プロダクション
印刷・製本　シナノ印刷株式会社

ISBN978-4-657-24016-3

執筆者紹介（掲載順）

鈴木 エイト（すずき　えいと）

1968年生まれ。2009年創刊のニュースサイト「やや日刊カルト新聞」で副代表、主筆を歴任。2011年よりジャーナリスト活動を始め、宗教と政治、宗教二世問題や反ワクチン問題、ニセ科学、ニセ医療を取材。『自民党の統一教会汚染 追跡3000日』（小学館）が石橋湛山記念 早稲田ジャーナリズム大賞（草の根民主主義部門）受賞。

霍見 真一郎（つるみ　しんいちろう）

大学卒業後、出版関連の仕事を経て、2001年神戸新聞社入社。社会部（現・報道部）、姫路支社、阪神総局、整理部などを経て報道部。21年編集委員兼務、23年報道部デスク、24年論説委員兼務。「神戸連続児童殺傷事件の全記録廃棄スクープと一連の報道」で石橋湛山記念 早稲田ジャーナリズム大賞奨励賞（公共奉仕部門）、新聞協会賞ほか受賞。

島袋 夏子（しまぶくろ　なつこ）

1974年生まれ。山口朝日放送で約10年勤務した後、2007年琉球朝日放送入社。「枯れ葉剤を浴びた島2～ドラム缶が語る終わらない戦争～」で日本民間放送連盟賞テレビ報道部門最優秀賞ほか、「命ぬ水～映し出された沖縄の50年～」で石橋湛山記念 早稲田ジャーナリズム大賞（公共奉仕部門）を受賞。共著に『永遠の化学物質　水のPFAS汚染』（岩波書店）。

青山 浩平（あおやま　こうへい）

2006年NHK入局。現在『ETV特集』チーフディレクター。技能実習生や精神医療などをテーマにドキュメンタリーを制作。NHKスペシャル「果てなき苦闘」で地方の時代映像祭グランプリ、「ルポ死亡退院」で石橋湛山記念 早稲田ジャーナリズム大賞（公共奉仕部門）、新聞協会賞、ギャラクシー賞優秀賞など。

持丸 彰子（もちまる　あきこ）

2008年テレビ朝日入社、2018年NHK入局。Eテレ「ハートネットTV」「バリバラ」などで福祉分野をテーマにした番組を制作。「一億総活躍社会の片隅で～ママを許して～」でニューヨークフェスティバル金賞受賞。「ドキュメント精神科病院×新型コロナ」「ルポ死亡退院」で放送人グランプリ、日本医学ジャーナリスト協会賞大賞など受賞。

萩原 豊（はぎはら　ゆたか）

1967年生まれ。1991年TBS入社。社会部、「報道特集」「筑紫哲也NEWS23」、ロンドン支局長、社会部デスク、「NEWS23」番組プロデューサー・編集長、外信部デスク、ニューヨーク支局長などを経て報道局 編集主幹・解説委員長。「南米アマゾンの“水俣病”に関する報道」で石橋湛山記念 早稲田ジャーナリズム大賞奨励賞（草の根民主主義部門）受賞。

有本 整（ありもと　ただし）

1992年CBCテレビ入社。警察、行政、経済等を担当後、特集VTRの監修およびドキュメンタリー制作を担当。「土がくる　規制なき負の産物の行方」で芸術祭優秀賞ほか、「新型コロナワクチンの副反応に関する調査報道」で石橋湛山記念 早稲田ジャーナリズム大賞奨励賞（公共奉仕部門）を受賞。

岩下 明日香（いわした　あすか）

1989年生まれ。週刊朝日記者、AERA.dot記者を経て、2023年よりSlowNews翻訳・編集者。著書に『カンボジア孤児院ビジネス』（潮出版、第4回潮アジア・太平洋ノンフィクション賞受賞）。『小説 野生時代』（KADOKAWA）に読切ノンフィクション「参道」を掲載。五ノ井里奈さんの著書『声をあげて』（小学館）の構成者。『政経東北』などでも執筆。

「石橋湛山記念 早稲田ジャーナリズム大賞」受賞者

第23回　2023年度

【公共奉仕部門】
受賞者　NHK「精神医療問題」取材班　代表 青山 浩平、持丸 彰子
作品名　ETV特集「ルポ 死亡退院 ～精神医療・闇の実態～」
発表媒体　NHK Eテレ

【公共奉仕部門】
受賞者　島袋 夏子（琉球朝日放送株式会社ディレクター）、ジョン・ミッチェル（フリージャーナリスト）
作品名　「命ぬ水 ～映し出された沖縄の50年～」
発表媒体　琉球朝日放送

【草の根民主主義部門】
受賞者　鈴木 エイト
作品名　『自民党の統一教会汚染 追跡3000日』
発表媒体　書籍（小学館）

＊奨励賞

【公共奉仕部門】
受賞者　「失われた事件記録」取材班　代表 霍見 真一郎
作品名　神戸連続児童殺傷事件の全記録廃棄スクープと一連の報道
発表媒体　神戸新聞、電子版「神戸新聞NEXT」

【公共奉仕部門】
受賞者　新型コロナワクチン取材班　代表 有本 整
作品名　新型コロナワクチンの副反応に関する調査報道
発表媒体　CBCテレビ

【草の根民主主義部門】
受賞者　萩原 豊
作品名　「南米アマゾンの"水俣病"」に関する報道
発表媒体　TBSテレビ、Web

【ファイナリスト】
候補者　斉藤 光政
作品名　連載「新冷戦考」
発表媒体　東奥日報

候補者　伊澤 理江
作品名　『黒い海　船は突然、深海へ消えた』
発表媒体　書籍（講談社）

候補者　　熊本日日新聞「ゆりかご15年」取材班　代表 田端 美華
作品名　　年間企画「いのちの場所　ゆりかご15年」と一連の報道
発表媒体　熊本日日新聞（朝刊、電子版）

候補者　　寺田 和弘
作品名　　「生きる」大川小学校 津波裁判を闘った人たち
発表媒体　新宿K's cinemaほか全国各地の劇場

第1回　2001年度
【公共奉仕部門】
受賞者　　三木 康弘（故人）と神戸新聞論説委員室
作品名　　阪神・淡路大震災からの復興に向けての論説、評論活動
発表媒体　神戸新聞
【草の根民主主義部門】
受賞者　　曽根 英二
作品名　　「島の墓標」
発表媒体　山陽放送
【文化貢献部門】
受賞者　　毎日新聞旧石器遺跡取材班　代表 真田 和義（渡辺 雅春、山田 寿彦、高橋 宗男、早川 健人、山本 健、本間 浩昭、西村 剛、ほか取材班）
作品名　　旧石器発掘ねつ造問題の一連の企画ならびに『発掘捏造』の出版
発表媒体　毎日新聞

第2回　2002年度
【公共奉仕部門】
受賞者　　田城 明
作品名　　「21世紀　核時代　負の遺産」
発表媒体　中国新聞
【公共奉仕部門】
受賞者　　広河 隆一
作品名　　『パレスチナ　新版』並びに雑誌などへの発表
発表媒体　書籍（岩波新書など）

第3回　2003年度
【公共奉仕部門】
受賞者　　鈴木 哲法
作品名　　「鉄路　信楽列車事故」の長期連載を中心とした鉄道の安全を考える一連の報道
発表媒体　京都新聞
【公共奉仕部門】
受賞者　　C型肝炎取材班　代表 熱田 充克

作品名　一連の「C型肝炎シリーズ」及びその特別番組
発表媒体　フジテレビ「ニュースJAPAN」及び特別番組
【文化貢献部門】
受賞者　佐藤 健（故人）、生きる者の記録取材班　代表 萩尾 信也
作品名　「生きる者の記録」
発表媒体　毎日新聞
＊奨励賞
【草の根民主主義部門】
受賞者　「ずく出して、自治」取材班　代表 畑谷 広治
作品名　「ずく出して、自治～参加そして主役へ～」
発表媒体　信濃毎日新聞
【文化貢献部門】
受賞者　塚田 正彦
作品名　「さんばと12人の仲間～親沢の人形三番叟の一年～」
発表媒体　長野放送

第4回　2004年度
【公共奉仕部門】
受賞者　琉球新報社地位協定取材班　代表 前泊 博盛
作品名　日米地位協定改定キャンペーン「検証　地位協定～不平等の源流～」
発表媒体　琉球新報
【公共奉仕部門】
受賞者　NHK「東京女子医科大学病院」取材班　代表 影山 博文
（山元 修治、北川 恵、落合 淳、竹田 頼正、山内 昌彦、角 文夫）
作品名　NHKスペシャル「東京女子医科大学病院～医療の現場で何が起きているか～」
発表媒体　NHK総合テレビ
【草の根民主主義部門】
受賞者　「わしも'死の海'におった～証言・被災漁船50年目の真実～」取材班　代表 大西 康司
作品名　「わしも'死の海'におった～証言・被災漁船50年目の真実～」の報道
発表媒体　南海放送
＊奨励賞
【公共奉仕部門】
受賞者　鹿沼市職員殺害事件取材班　代表 渡辺 直明
作品名　「断たれた正義」－なぜ職員が殺された・鹿沼事件を追う－
発表媒体　下野新聞
【文化貢献部門】
受賞者　赤井 朱美（プロデューサー兼ディレクター）
作品名　石川テレビ放送ドキュメンタリー「奥能登　女たちの海」
発表媒体　石川テレビ放送

第５回　2005年度

【公共奉仕部門】

受賞者　「少年事件・更生と償い」取材班　代表 田代 俊一郎
作品名　「少年事件・更生と償い」シリーズ
発表媒体　西日本新聞

【公共奉仕部門】

受賞者　「沖縄戦新聞」取材班　代表 宮城 修（国吉 美千代、志良堂 仁、小那覇 安剛、宮里 努、高江洲 洋子）
作品名　沖縄戦新聞
発表媒体　琉球新報

【文化貢献部門】

受賞者　「沈黙の森」取材班　代表 棚田 淳一（朝日 裕之、片桐 秀夫、村上 文美、谷井 康彦、浜浦 徹）
作品名　キャンペーン企画「沈黙の森」
発表媒体　北日本新聞

＊奨励賞

【草の根民主主義部門】

受賞者　永尾 俊彦
作品名　『ルポ諫早の叫び～よみがえれ干潟ともやいの心～』
発表媒体　書籍（岩波書店）

第６回　2006年度

【公共奉仕部門】

受賞者　「検証　水俣病50年」取材班　代表 田代 俊一郎
作品名　「検証　水俣病50年」シリーズ
発表媒体　西日本新聞

【公共奉仕部門】

受賞者　古居 みずえ
作品名　ドキュメンタリー映画「ガーダ～パレスチナの詩～」
発表媒体　映画

【草の根民主主義部門】

受賞者　「地方発 憲法を考える」取材班　代表 山口 和也
作品名　連載「地方発 憲法を考える」
発表媒体　熊本日日新聞

第７回　2007年度

【公共奉仕部門】

受賞者　朝日新聞編集局特別報道チーム　代表 市川 誠一
作品名　「偽装請負」追及キャンペーン
発表媒体　朝日新聞および書籍（朝日新書）

【草の根民主主義部門】

受賞者　朝日新聞鹿児島総局　代表 梶山 天

作品名　鹿児島県警による03年県議選公職選挙法違反「でっちあげ事件」をめぐるスクープと一連のキャンペーン
発表媒体　朝日新聞
【文化貢献部門】
受賞者　RKB毎日放送報道部　代表 竹下 通人
作品名　「ふるさとの海～水崎秀子にとっての祖国にっぽん～」
発表媒体　RKB毎日放送
＊奨励賞
【公共奉仕部門】
受賞者　「同和行政問題」取材班　代表 東田 尚巳
作品名　検証「同和行政」報道
発表媒体　毎日放送
【草の根民主主義部門】
受賞者　「お産SOS」取材班　代表 練生川 雅志
作品名　連載「お産SOS～東北の現場から～」
発表媒体　河北新報

第８回　2008年度
【公共奉仕部門】
受賞者　「新聞と戦争」取材班　キャップ 藤森 研
作品名　連載「新聞と戦争」
発表媒体　朝日新聞
【草の根民主主義部門】
受賞者　「やねだん」取材班　代表 山縣 由美子
作品名　「やねだん～人口300人、ボーナスが出る集落～」
発表媒体　南日本放送
【文化貢献部門】
受賞者　「探検ロマン世界遺産」取材班　代表 寺井 友秀
作品名　探検ロマン世界遺産スペシャル「記憶の遺産～アウシュビッツ・ヒロシマからのメッセージ～」
発表媒体　NHK総合テレビ

第９回　2009年度
【公共奉仕部門】
受賞者　土井 敏邦（ジャーナリスト）
作品名　ドキュメンタリー映画「沈黙を破る」
発表媒体　映画
【公共奉仕部門】
受賞者　斉藤 光政（東奥日報社社会部付編集委員）
作品名　①「在日米軍基地の意味を問う」一連の記事
②『在日米軍最前線～軍事列島日本～』
発表媒体　①東奥日報

②書籍（新人物往来社）

【文化貢献部門】

受賞者　大西 成明（写真家）

作品名　写真集『ロマンティック・リハビリテーション』

発表媒体　書籍（ランダムハウス講談社）

第10回　2010年度

【公共奉仕部門】

受賞者　NHKスペシャル「日本海軍400時間の証言」取材班　藤木 達弘（日本放送協会大型企画開発センターチーフ・プロデューサー）

作品名　NHKスペシャル「日本海軍400時間の証言」全3回

発表媒体　NHK総合テレビ

【草の根民主主義部門】

受賞者　生活報道部「境界を生きる」取材班　丹野 恒一

作品名　「境界を生きる」～性別をめぐり苦しむ子どもたちを考えるキャンペーン～

発表媒体　毎日新聞

【文化貢献部門】

受賞者　国分 拓（日本放送協会 報道局 社会番組部 ディレクター）

作品名　『ヤノマミ』

発表媒体　書籍（日本放送出版協会）

＊奨励賞

【公共奉仕部門】

受賞者　笠井 千晶（中京テレビ放送 報道部 ディレクター）

作品名　NNNドキュメント2009「法服の枷～沈黙を破った裁判官たち～」

発表媒体　NNN（Nippon News Network）

第11回　2011年度

【公共奉仕部門】

受賞者　ETV特集「ネットワークで作る放射能汚染地図　福島原発事故から2か月」取材班　代表 増田 秀樹（日本放送協会制作局文化･福祉番組部チーフ･プロデューサー）

作品名　ETV特集「ネットワークで作る放射能汚染地図　福島原発事故から2か月」

発表媒体　NHK　Eテレ

【公共奉仕部門】

受賞者　大阪本社社会部・東京本社社会部「改ざん事件」取材班　代表 板橋 洋佳

作品名　「大阪地検特捜部の主任検事による押収資料改ざん事件」の特報および関連報道

発表媒体　朝日新聞

【草の根民主主義部門】

受賞者　三上 智恵（琉球朝日放送　報道制作局　報道制作部　ディレクター）

作品名　報道特別番組「英霊か犬死か－沖縄靖国裁判の行方－」

発表媒体　琉球朝日放送
＊奨励賞
【文化貢献部門】
受賞者　　鎌仲 ひとみ（映画監督）
作品名　　ドキュメンタリー映画「ミツバチの羽音と地球の回転」
発表媒体　渋谷ユーロスペース他劇場と全国約400ヶ所の自主上映

第12回　2012年度
【公共奉仕部門】
受賞者　　「プロメテウスの罠」取材チーム　代表 宮﨑 知己（朝日新聞東京本社報道局特別報道部次長）
作品名　　連載「プロメテウスの罠」
発表媒体　朝日新聞
【草の根民主主義部門】
受賞者　　渡辺 一史
作品名　　『北の無人駅から』
発表媒体　書籍（北海道新聞社）
【文化貢献部門】
受賞者　　NHKプラネット九州　制作部　エグゼクティブ・ディレクター　吉崎 健
作品名　　ETV特集「花を奉る　石牟礼道子の世界」
発表媒体　NHK　Eテレ
＊奨励賞
【草の根民主主義部門】
受賞者　　三陸河北新報社　石巻かほく編集局　代表 桂 直之
作品名　　連載企画「私の3.11」
発表媒体　石巻かほく
【文化貢献部門】
受賞者　　「阿蘇草原再生」取材班　代表 花立 剛（熊本日日新聞社編集局地方部次長）
作品名　　連載企画「草原が危ない」と阿蘇草原再生キャンペーン
発表媒体　熊本日日新聞

第13回　2013年度
【草の根民主主義部門】
受賞者　　「波よ鎮まれ」取材班　代表 渡辺 豪（沖縄タイムス社特別報道チーム兼論説委員）
作品名　　連載「波よ鎮まれ～尖閣への視座～」
発表媒体　沖縄タイムス
【文化貢献部門】
受賞者　　ETV特集「永山則夫100時間の告白」取材班　代表 増田 秀樹（日本放送協会大型企画開発センター チーフ・プロデューサー）
作品名　　ETV特集「永山則夫100時間の告白～封印された精神鑑定の真実～」
発表媒体　NHK　Eテレ

＊奨励賞

【公共奉仕部門】

受賞者　木村 英昭（朝日新聞東京本社報道局経済部）
　　　　宮﨑 知己（朝日新聞社デジタル本部デジタル委員）
作品名　連載「東京電力テレビ会議記録の公開キャンペーン報道」
発表媒体　朝日新聞

【公共奉仕部門】

受賞者　林 新（「原子力“バックエンド”最前線」取材チーム　日本放送協会 大型企画開発センター プロデューサー）
　　　　酒井 裕（エス・ヴィジョン代表）
作品名　BSドキュメンタリー WAVE「原子力“バックエンド”最前線～イギリスから福島へ～」
発表媒体　NHK　BS1

第14回　2014年度

【公共奉仕部門】

受賞者　NNNドキュメント取材班　代表 大島 千佳（NNNドキュメント取材班ディレクター）
作品名　NNNドキュメント'14「自衛隊の闇～不正を暴いた現役自衛官～」
発表媒体　日本テレビ

【草の根民主主義部門】

受賞者　下野新聞社編集局子どもの希望取材班　代表 山﨑 一洋（下野新聞社編集局社会部長代理）
作品名　連載「希望って何ですか～貧困の中の子ども～」
発表媒体　下野新聞

【文化貢献部門】

受賞者　与那原 恵
作品名　『首里城への坂道～鎌倉芳太郎と近代沖縄の群像～』
発表媒体　書籍（筑摩書房）

＊奨励賞

【草の根民主主義部門】

受賞者　伊藤 めぐみ（有限会社ホームルームドキュメンタリー・ディレクター）
作品名　ドキュメンタリー映画「ファルージャ～イラク戦争　日本人人質事件…そして～」
発表媒体　映画

第15回　2015年度

【公共奉仕部門】

受賞者　新垣 毅（琉球新報社編集局文化部記者兼編集委員）
作品名　沖縄の自己決定権を問う一連のキャンペーン報道～連載「道標求めて」を中心に～
発表媒体　琉球新報

【草の根民主主義部門】
受賞者　　堀川 惠子
作品名　　『原爆供養塔～忘れられた遺骨の70年～』
発表媒体　書籍（文藝春秋）
【文化貢献部門】
受賞者　　朴 裕河
作品名　　『帝国の慰安婦～植民地支配と記憶の闘い～』
発表媒体　書籍（朝日新聞出版）
＊奨励賞
【公共奉仕部門】
受賞者　　NHKスペシャル「水爆実験60年目の真実」取材班　代表 高倉 基也（NHK広島放送局チーフ・プロデューサー）
作品名　　NHKスペシャル「水爆実験60年目の真実～ヒロシマが迫る"埋もれた被ばく"～」
発表媒体　NHK総合テレビ

第16回　2016年度
【公共奉仕部門】
受賞者　　日本テレビ報道局取材班　代表 清水 潔（日本テレビ報道局特別報道班）
作品名　　NNNドキュメント'15「南京事件 兵士たちの遺言」
発表媒体　日本テレビ
【草の根民主主義部門】
受賞者　　「語り継ぐハンセン病～瀬戸内３園から～」
　　　　　取材班　阿部 光希、平田 桂三（ともに山陽新聞社編集局報道部）
作品名　　「語り継ぐハンセン病～瀬戸内３園から～」
発表媒体　山陽新聞
＊奨励賞
【公共奉仕部門】
受賞者　　新潟日報社原発問題取材班　代表 仲屋 淳（新潟日報社編集局報道部次長）
作品名　　長期連載「原発は必要か」を核とする関連ニュース報道
発表媒体　新潟日報
【草の根民主主義部門】
受賞者　　菅野 完
受賞作品　『日本会議の研究』
発表媒体　書籍（扶桑社）

第17回　2017年度
【公共奉仕部門】
受賞者　　NHKスペシャル「ある文民警察官の死」取材班　代表 三村 忠史（日本放送協会大型企画開発センター チーフ・プロデューサー）
作品名　　NHKスペシャル「ある文民警察官の死～カンボジアPKO23年目の告白～」
発表媒体　NHK総合テレビ

【草の根民主主義部門】
受賞者　「新 移民時代」取材班　代表 坂本 信博（西日本新聞社編集局社会部デスク・遊軍キャップ）
作品名　「新 移民時代」
発表媒体　西日本新聞

【文化貢献部門】
受賞者　林 典子
作品名　『ヤズディの祈り』
発表媒体　書籍（赤々舎）
＊奨励賞

【公共奉仕部門】
受賞者　「枯れ葉剤を浴びた島2」取材班　代表 島袋 夏子（琉球朝日放送記者）
作品名　「枯れ葉剤を浴びた島2 ～ドラム缶が語る終わらない戦争～」
発表媒体　琉球朝日放送

第18回　2018年度

【公共奉仕部門】
受賞者　森友学園・加計学園問題取材班　代表 長谷川 玲（朝日新聞社 ゼネラルマネジャー補佐）
作品名　森友学園や加計学園の問題をめぐる政府の情報開示姿勢を問う一連の報道
発表媒体　朝日新聞・朝日新聞デジタル

【公共奉仕部門】
受賞者　「駐留の実像」取材班　代表 島袋 良太（琉球新報社）
作品名　連載「駐留の実像」を核とする関連ニュース報道
発表媒体　琉球新報

【公共奉仕部門】
受賞者　NHKスペシャル「戦慄の記録　インパール」取材班　代表 三村 忠史（NHK大型企画開発センター チーフ・プロデューサー）
作品名　NHKスペシャル「戦慄の記録　インパール」
発表媒体　NHK総合テレビ

【草の根民主主義部門】
受賞者　布施 祐仁（ジャーナリスト）、三浦 英之（朝日新聞社 記者）
作品名　『日報隠蔽』南スーダンで自衛隊は何を見たのか
発表媒体　書籍（集英社）
＊奨励賞

【草の根民主主義部門】
受賞者　「旧優生保護法を問う」取材班　代表 遠藤 大志（毎日新聞社 仙台支局）
作品名　キャンペーン報道「旧優生保護法を問う」
発表媒体　毎日新聞

【文化貢献部門】
受賞者　「消えた 村のしんぶん」取材班　代表 湯本 和寛（信越放送情報センター報道部記者）

作品名　SBCスペシャル「消えた 村のしんぶん～滋野村青年団と特高警察～」
発表媒体　信越放送（SBCテレビ）

第19回　2019年度

【公共奉仕部門】

受賞者　「公文書クライシス」取材班　代表 大場 弘行（毎日新聞東京本社編集編成局特別報道部）
作品名　公文書クライシス
発表媒体　毎日新聞

【草の根民主主義部門】

受賞者　呼吸器事件取材班　取材班代表 秦 融（中日新聞社名古屋本社編集局編集委員）
作品名　調査報道「呼吸器事件」 司法の実態を告発し続ける連載「西山美香さんの手紙」
発表媒体　中日新聞・中日web

【文化貢献部門】

受賞者　佐々木 実
作品名　『資本主義と闘った男　宇沢弘文と経済学の世界』
発表媒体　書籍（講談社）

＊奨励賞

【公共奉仕部門】

受賞者　琉球新報ファクトチェック取材班　取材班代表 滝本 匠（琉球新報社）
作品名　県知事選などを巡るファクトチェック報道とフェイク発信源を追う一連の企画
発表媒体　琉球新報

【文化貢献部門】

受賞者　鳥山 穣（TBSラジオ）、神戸 金史（RKB毎日放送）
作品名　報道ドキュメンタリー「SCRATCH　差別と平成」
発表媒体　TBSラジオ、RKB毎日放送

第20回　2020年度

【公共奉仕部門】

受賞者　西日本新聞社かんぽ生命不正販売問題取材班　代表 宮崎 拓朗（西日本新聞社 社会部）
作品名　かんぽ生命不正販売問題を巡るキャンペーン報道
発表媒体　西日本新聞

【公共奉仕部門】

受賞者　毎日新聞統合デジタル取材センター「桜を見る会」取材班代表 日下部 聡（毎日新聞　東京本社）
作品名　「桜を見る会」追及報道と『汚れた桜「桜を見る会」疑惑に迫った49日』の出版　ネットを主舞台に多様な手法で読者とつながる新時代の試み
発表媒体　毎日新聞ニュースサイト、毎日新聞出版

【草の根民主主義部門】

受賞者　三上 智恵
作品名　『証言　沖縄スパイ戦史』
発表媒体　書籍（集英社新書）

＊奨励賞

【公共奉仕部門】

受賞者　片山 夏子（東京新聞社会部）
作品名　『ふくしま原発作業員日誌　イチエフの真実、９年間の記録』
発表媒体　書籍（朝日新聞出版）

【草の根民主主義部門】

受賞者　房 満満（株式会社テムジン）
作品名　NHK BS1スペシャル「封鎖都市・武漢～76日間 市民の記録～」
発表媒体　NHK BS1スペシャル

【文化貢献部門】

受賞者　静岡新聞社「サクラエビ異変」取材班　代表 坂本 昌信（静岡新聞社編集局社会部）
作品名　サクラエビ異変
発表媒体　静岡新聞、静岡新聞ホームページ「アットエス」

第21回　2021年度

【公共奉仕部門】

受賞者　平野 雄吾（共同通信）
作品名　『ルポ入管―絶望の外国人収容施設』
発表媒体　書籍（筑摩書房）

【草の根民主主義部門】

受賞者　立山 芽以子（JNN）
作品名　『ムクウェゲ　女性にとって世界最悪の場所で闘う医師』
発表媒体　映画（「TBSドキュメンタリー映画祭」にて上映）

【文化貢献部門】

受賞者　春名 幹男
作品名　『ロッキード疑獄――角栄ヲ葬リ巨悪ヲ逃ス』
発表媒体　書籍（KADOKAWA）

＊奨励賞

【公共奉仕部門】

受賞者　熊本日日新聞 2020熊本豪雨取材班　代表 亀井 宏二
作品名　2020 熊本豪雨　川と共に
発表媒体　熊本日日新聞（朝夕刊、電子版）

【草の根民主主義部門】

受賞者　大村 由紀子（RKB毎日放送テレビ）
作品名　ドキュメンタリー「永遠の平和を　あるBC級戦犯の遺書」
発表媒体　RKB毎日放送（テレビ版）・RKBラジオ（ラジオ版）・YouTube

第22回　2022年度

【公共奉仕部門】

受賞者　　Fujiと沖縄　本土復帰50年取材班　代表 前島 文彦
作品名　　Fujiと沖縄　本土復帰50年
発表媒体　山梨日日新聞、電子版

【草の根民主主義部門】

受賞者　　太田 直子
作品名　　「“玉砕”の島を生きて ～テニアン島　日本人移民の記録～」（NHK ETV特集）
発表媒体　NHK Eテレ

＊奨励賞

【公共奉仕部門】

受賞者　　北海道新聞日ロ取材班　代表 渡辺 玲男
作品名　　連載「消えた『四島返還』」を柱とする「＃北方領土考」キャンペーン
発表媒体　北海道新聞、北海道新聞電子版特設サイト、書籍「消えた『四島返還』安倍政権 日ロ交渉2800日を追う」

【公共奉仕部門】

受賞者　　「国費解剖」取材班　代表 鷲森 弘
作品名　　調査報道シリーズ「国費解剖」
発表媒体　日本経済新聞、日経電子版

【草の根民主主義部門】

受賞者　　NHKスペシャル　ミャンマープロジェクト　代表 善家 賢
作品名　　ミャンマー軍の弾圧や軍事攻撃の実態に迫る一連のデジタル調査報道
発表媒体　NHK総合テレビなど

本賞選考委員（第23回） （50音順）

角　英夫（元日本放送協会専務理事・大型企画開発センター長）、瀬川至朗（早稲田大学政治経済学術院教授：ジャーナリズム研究）、高橋恭子（早稲田大学政治経済学術院教授:映像ジャーナリズム論）、武田　徹（ジャーナリスト、専修大学文学部教授）、土屋礼子（早稲田大学政治経済学術院教授:メディア史、歴史社会学）、中谷礼仁（早稲田大学理工学術院教授：建築史、歴史工学研究）、中林美恵子（早稲田大学留学センター教授:政治学、国際公共政策）、三浦俊章（ジャーナリスト）、吉岡　忍（作家、日本ペンクラブ前会長）、ルーシー・クラフト（ジャーナリスト）

過去に選考委員を務められた方々 （50音順、職名は委員在任時）

秋山耿太郎（朝日新聞社元社長、第14回～第20回）、新井　信（編集者、元文藝春秋取締役副社長、第１回～第15回）、内橋克人（評論家、第１回～第８回）、江川紹子（ジャーナリスト、第１回～第３回）、岡村黎明（メディア・アナリスト、第１回～第10回）、奥島孝康（早稲田大学総長、早稲田大学法学学術院教授、第１回～第３回）、鎌田慧（ルポライター、第１回～第15回）、河合隼雄（心理学者、文化庁長官、第１回）、黒岩祐治（元フジテレビジョンキャスター、第11回）、小池唯夫（元パシフィック野球連盟会長、元毎日新聞社社長、元日本新聞協会会長、第１回～第10回）、後藤謙次（ジャーナリスト、元共同通信編集局長、第12回～第17回）、小山慶太（早稲田大学社会科学総合学術院教授、第１回～第10回）、佐藤　滋（早稲田大学理工学術院教授、第15回～第16回）、佐野眞一（ノンフィクション作家、ジャーナリスト、第１回～第12回）、清水功雄（早稲田大学理工学学術院教授）、下重暁子（作家、第５回～第13回）、外岡秀俊（元朝日新聞東京編集局長、北海道大学公共政策学研究センター上席研究員、第21回）、竹内　謙（日本インターネット新聞社代表取締役社長、第１回～第13回）、谷藤悦史（早稲田大学政治経済学術院教授、第１回～第14回）、田沼武能（写真家、日本写真家協会会長、第１回～第10回）、坪内祐三（評論家、第13回～第17回）、永井多恵子（世田谷文化生活情報センター館長、元NHK解説主幹、第１回～第４回）、箱島信一（朝日新聞社顧問、元日本新聞協会会長、第11回～第13回）、長谷川眞理子（早稲田大学政治経済学部教授、第１回～第５回）、花田達朗（早稲田大学教育・総合科学学術院教授、第６回～第13回）、林　利隆（早稲田大学教育・総合科学学術院教授、第１回～第５回）、原　剛（毎日新聞客員編集委員、早稲田環境塾塾長、早稲田大学名誉教授、第１回～第15回）、原　寿雄（ジャーナリスト、元共同通信社長、第１回～第３回）、土方正夫（早稲田大学社会科学総合学術院教授、第14回～第16回）、広河隆一（フォトジャーナリスト、「DAYS JAPAN」発行人、第11回～第18回）、ゲプハルト・ヒールシャー（ジャーナリスト、元在日外国報道協会会長、元日本外国特派員協会会長、第１回～第９回）、深川由起子（早稲田大学政治経済学術院教授、第８回～第13回）、アンドリュー・ホルバート（城西国際大学招聘教授、元日本外国特派員協会会長、第10回～第21回）、松永美穂（早稲田大学文学学術院教授、第14回～第16回）、八巻和彦（早稲田大学商学学術院教授、第４回～第17回）、山崎正和（劇作家、東亜大学学長、第１回～第４回）、山根基世（アナウンサー、第14回～第22回）、吉永春子

（ドキュメンタリープロデューサー、現代センター代表、元TBS報道総局専門職局長、第１回～第８回）

報道が社会を変える
コーディネーター　原　剛　早稲田大学出版部　2005年　本体価格1800円

ジャーナリズムの方法
コーディネーター　原　剛　早稲田大学出版部　2006年　本体価格1800円

ジャーナリストの仕事
コーディネーター　原　剛　早稲田大学出版部　2007年　本体価格1800円

「個」としてのジャーナリスト
コーディネーター　花田達朗　早稲田大学出版部　2008年　本体価格1800円

「可視化」のジャーナリスト
コーディネーター　花田達朗　早稲田大学出版部　2009年　本体価格1800円

「境界」に立つジャーナリスト
コーディネーター　花田達朗　早稲田大学出版部　2010年　本体価格1800円

「対話」のジャーナリスト
コーディネーター　花田達朗　早稲田大学出版部　2011年　本体価格1800円

「危機」と向き合うジャーナリズム
コーディネーター　谷藤悦史　早稲田大学出版部　2013年　本体価格1800円

ジャーナリズムの「可能性」
コーディネーター　谷藤悦史　早稲田大学出版部　2014年　本体価格1800円

ジャーナリズムの「新地平」
コーディネーター　谷藤悦史　早稲田大学出版部　2015年　本体価格1800円

「今を伝える」ということ
編著者　八巻和彦　成文堂　2015年　本体価格1500円

日本のジャーナリズムはどう生きているか
編著者　八巻和彦　成文堂　2016年　本体価格1500円

「ポスト真実」にどう向き合うか
編著者　八巻和彦　成文堂　2017年　本体価格2000円

ジャーナリズムは歴史の第一稿である。
編著者　瀬川至朗　成文堂　2018年　本体価格1800円

ニュースは「真実」なのか
編著者　瀬川至朗　早稲田大学出版部　2019年　本体価格1800円

民主主義は支えられることを求めている！
編著者　瀬川至朗　早稲田大学出版部　2021年　本体価格1800円

SNS時代のジャーナリズムを考える
編著者　瀬川至朗　早稲田大学出版部　2022年　本体価格1800円

データが切り拓く新しいジャーナリズム
編著者　瀬川至朗　早稲田大学出版部　2023年　本体価格1800円